Léon JOLINON

Commissaire de police de la ville de Marseille.

Vade-Mecum

des Officiers de Police judiciaire
Commissaires de Police
Officiers de Gendarmerie, Juges de Paix et Maires

VISITES DOMICILIAIRES ET RÉQUISITIONS

PARIS

HENRI CHARLES-LAVAUZELLE

Éditeur militaire

10, Rue Danton, Boulevard Saint-Gern[illegible], 118

(MÊME MAISON A LIMOGES)

VADE-MECUM

DES

OFFICIERS DE POLICE JUDICIAIRE

Léon JOLINON

Commissaire de police de la ville de Marseille.

VADE-MECUM

Des Officiers de Police judiciaire

COMMISSAIRES DE POLICE

OFFICIERS de GENDARMERIE, JUGES de PAIX et MAIRES

VISITES DOMICILIAIRES ET RÉQUISITIONS

PARIS

HENRI CHARLES-LAVAUZELLE

Éditeur militaire

10, Rue Danton, Boulevard Saint-Germain, 118

(MÊME MAISON A LIMOGES)

A Monsieur Emile Brousse

Procureur de la République à Marseille

Chevalier de la Légion d'Honneur

En témoignage de respectueux dévouement.

INTRODUCTION

Sans crainte d'exagérer, on peut affirmer que la tâche incombant aux commissaires de police devient de plus en plus lourde et délicate.

En effet, journellement, des lois et règlements nécessités par des besoins nouveaux viennent grossir l'arsenal de notre législation et augmenter les devoirs des fonctionnaires chargés du maintien de l'ordre public.

Outre leurs attributions multiples, les commissaires de police sont encore tenus de prêter leur concours d'officier de police judiciaire à d'autres fonctionnaires de l'Etat.

C'est ainsi que, souvent (surtout dans les grandes villes), les commissaires de police sont requis : tantôt par un huissier pour expulser de son logement un locataire ; tantôt par un employé des contributions indirectes pour pratiquer une visite domiciliaire chez un citoyen soupçonné de fraude envers la régie, etc., etc. ; missions que ces fonctionnaires ne peuvent accomplir légalement sans l'assistance d'un magistrat.

Pour l'accomplissement de ces missions délicates, le magistrat requis doit avoir une connaissance parfaite de ses devoirs.

Dans le but de faciliter la tâche de nos collègues et de leur permettre de s'assurer, d'un simple coup d'œil, en vertu de quel article du Code, loi ou règlement la réquisition leur est adressée, nous résumons en ce petit *Vade-mecum* les dispositions essentielles des Codes, lois et règlements en vigueur concernant les attributions des huissiers, des porteurs de contraintes, des préposés d'octroi et des contributions indirectes, etc.

Des arrêts de jurisprudence appuient les textes législatifs et administratifs et font connaître aux commissaires de police leurs droits, devoirs et responsabilités dans les différentes circonstances précitées.

Le premier devoir du magistrat requis est d'abord de s'assurer si le requérant est légalement investi et est porteur des documents nécessaires à l'accomplissement de l'acte en vue duquel la réquisition est formulée.

Il ne faut pas perdre de vue, en effet, que si des mesures répressives peuvent être prises contre un officier de police judiciaire qui, sans motifs légitimes, refuse d'assister les fonctionnaires désignés par la loi, il peut également être poursuivi pour violation de domicile s'il force illégalement l'entrée du domicile d'un citoyen.

Cette précaution préalable est absolument conforme à l'esprit de la jurisprudence ; car, ainsi que la Cour suprême l'a proclamé dans maintes circonstances, le législateur — en exigeant que les fonctionnaires des administrations précitées soient assistés d'un officier de police judiciaire dans les recherches et opérations qu'ils sont autorisés à pratiquer dans le domicile des citoyens — n'a pas entendu faire concourir l'officier requis à la constatation d'un délit quelconque, mais l'a chargé de veiller aux règles de l'inviolabilité du domicile, au respect de la liberté individuelle et, notamment, à ce que les recherches ne portent que sur les objets utiles à la manifestation de la vérité.

La loi a prévu d'autres officiers de police judiciaire que les commissaires de police, pour assister les fonctionnaires précités. Ce sont les maires et leurs adjoints, ainsi que les juges de paix.

En cas de refus d'assistance non motivé, la prise à partie instituée par l'article 505, § 3, du Code de procédure civile peut être invoquée contre les officiers de police judiciaire qui refusent de déférer à une réquisition à laquelle une loi claire les oblige d'obtempérer. (ROUSSEAU et LAISNEZ, *Dictionnaire de procédure civile*, t. VII, p. 77 ; — Paris, 19 décembre 1863 ; — Cass., 28 mai 1879, etc.)

Toutes ces questions d'assistance étant subordonnées aux règles de l'inviolabilité du domicile des citoyens, il était utile d'exposer ces règles en tête de ce travail et de mentionner l'état de la législation et de la jusriprudence applicables aux visites domiciliaires.

D'autres questions spéciales, telles que les instructions et règlements se rapportant aux réquisitions à l'armée, à la gendarmerie, ainsi qu'aux médecins, y sont également traitées.

Ce travail est divisé en deux parties et chaque partie est divisée en chapitres.

Chaque chapitre traite d'une question spéciale. Un tableau synoptique des réquisitions et une table des matières le terminent.

Sans avoir la prétention d'offrir une œuvre complète et irréprochable, nous estimons néanmoins que cet opuscule rendra des services utiles aux juges de paix, maires, adjoints aux maires et officiers de gendarmerie.

Ce petit *Vade-mecum* facilitera la tâche des commissaires de police, surtout des débutants.

Tous pourront le consulter avec profit. Et, si nous avons atteint notre but, nous nous déclarerons satisfait.

L. JOLINON.

Marseille, le 20 juillet 1910.

PREMIÈRE PARTIE

CHAPITRE Ier

VISITES DOMICILIAIRES

LIBERTÉ INDIVIDUELLE. — VISITES DOMICILIAIRES. VIOLATION DE DOMICILE. EXCEPTIONS EN MATIÈRE PARLEMENTAIRE, DIPLOMATIQUE ET INTERNATIONALE

§ 1er. — Liberté individuelle.

1. La liberté individuelle consiste, pour chaque citoyen, dans le droit de n'être privé de sa liberté personnelle que dans les cas prévus et selon les formalités déterminées par la loi.

C'est, en un mot, le droit d'obtenir protection ou réparation contre les arrestations illégales, violations de domicile ou autres atteintes à la liberté dont tout citoyen doit jouir dans la société.

Nous ne nous occuperons ici que de l'inviolabilité du domicile.

2. C'est la loi des 19-22 juillet 1791 (titre Ier,

art. 8) qui, la première, posa les règles et proclama l'inviolabilité du domicile des citoyens.

La Constitution de la République française du 22 frimaire an VIII (13 décembre 1799) précise, par son article 76, toujours en vigueur, les règles de l'inviolabilité du domicile.

Cet article 76 est ainsi conçu :

La maison de toute personne habitant le territoire français est un asile inviolable.

Pendant la nuit, nul n'a le droit d'y entrer que dans les cas d'incendie, d'inondation ou de réclamation faite de l'intérieur de la maison.

Pendant le jour, on peut y entrer pour un objet spécial, déterminé, ou par une loi, ou par un ordre émané de l'autorité publique.

3. Le temps de nuit a été déterminé par l'article 1037 du Code de procédure civile, promulgué postérieurement à la Constitution de l'an VIII. La nuit est l'intervalle de temps compris entre « 6 heures du soir et 6 heures du matin, du 1er octobre au 31 mars, et entre 9 heures du soir et 4 heures du matin, du 1er avril au 30 septembre ». (Voir : *Huissiers*, p. 85, n° 4.)

Lorsqu'il s'agit de déterminer les heures légales pendant lesquelles des visites domiciliaires peuvent être pratiquées chez les citoyens, c'est sur cette partie précitée de l'article 1037 que s'appuie la jurisprudence tant civile que criminelle.

Au contraire, c'est sur la disposition de l'article 781

du même Code, aux termes duquel « la nuit est l'intervalle de temps compris entre le coucher et le lever du soleil », que se base la jurisprudence criminelle pour appliquer les lois pénales qui font de la nuit une circonstance aggravante, en cas de crime ou délit. (Cass. 29 mars 1860 ; — 26 octobre 1894.)

De nombreux et savants jurisconsultes ont longtemps controversé sur ces dispositions.

Aujourd'hui, avec le décret du 20 mai 1903 sur le service de la gendarmerie, que nous examinerons bientôt, l'accès du domicile des citoyens est nettement défini par des textes clairs et précis.

L'article 184 du Code pénal, que nous étudierons au § *Violation de domicile*, réprime les atteintes à l'inviolabilité du domicile.

§ 2. — Visites domiciliaires.

4. A côté de la règle qui proclame l'inviolabilité du domicile, dit Fuzier-Herman (*Rép. gén. du droit français :* V°, « Violation de domicile », n° 45), il faut placer les exceptions que la nécessité a fait établir et auxquelles se rapportent ces expressions de l'article 184 du Code pénal : « Hors les cas prévus par la loi et sans les formalités qu'elle a prescrites. »

Ces exceptions, que nous examinerons successivement, sont prévues par la loi des 19-22 juillet 1791, l'article 76 de la Constitution de l'an VIII, différents articles des Codes pénal et criminel, et diverses autres lois traitant des administrations des douanes, contributions indirectes, octrois, etc.

a) Pendant le jour

5. Le § 3 de l'article 76 de la Constitution de l'an VIII dit :

Pendant le jour, on peut entrer dans le domicile des citoyens pour un objet spécial, déterminé, ou par une loi, ou par un ordre émané d'une autorité publique.

Il résulte de ce texte que, seuls, les agents désignés par la loi possèdent le droit de s'introduire dans le domicile des citoyens pour l'exécution des missions qui leur sont confiées.

6. Les fonctionnaires ayant ce pouvoir sont :

1° Les procureurs de la République agissant en exécution des articles 32 et 36 du Code d'instruction criminelle (flagrant délit) ;

2° Les juges d'instruction (art. 87 et 88 du même Code) ;

3° Les officiers de police judiciaire, auxiliaires du procureur de la République (art. 49 du même Code) ;

4° Les gardes champêtres et gardes forestiers (art. 16 du Code d'instr. crim. et 161 du Code for.).

Ces derniers fonctionnaires ne peuvent s'introduire dans le domicile d'un citoyen pour y saisir des choses volées, sans être accompagnés d'un des magistrats énumérés aux articles 16 et 161 susmentionnés ;

5° Les agents de l'autorité chargés de mettre à exécution les mandats d'amener, d'arrêt et de dépôt, ordonnances de prise de corps, jugements de condamnation, etc. Ces agents ont le droit de pénétrer le jour dans le domicile de celui qu'ils recherchent, pour se saisir de sa personne, sans être assistés du juge de paix ou du commissaire de police (art. 97 du Code d'instr. crim. ; — Cass., 12 juin 1834).

Mais ces mêmes agents ne peuvent s'introduire dans le domicile d'un tiers pour y appréhender un prévenu ou un condamné qui s'y serait réfugié ;

6° Pendant le jour, les préposés des douanes, des contributions indirectes et des octrois peuvent pénétrer chez les personnes assujetties au droit de visite pour y procéder aux inspections prévues par les lois concernant ces matières (voir aux chapitres : *Contributions indirectes, Octrois et douanes*) ;

7° Les huissiers et porteurs de contraintes (voir aux chapitres : *Huissiers* et *Porteurs de contraintes*) ;

8° Les officiers de gendarmerie, sous-officiers et gendarmes agissant en exécution des articles 111, 124, 130, etc., du décret du 20 mai 1903.

Enfin, d'autres fonctionnaires — les commissaires de police, notamment — peuvent s'introduire dans le domicile des citoyens, en vertu de nombreuses dispositions législatives et réglementaires, dont l'énumération serait trop longue à exposer ici.

b) Pendant la nuit

7. Le § 2 de l'article 76 de la Constitution de l'an VIII dispose :

Pendant la nuit, nul n'a le droit d'entrer dans le domicile des citoyens, sauf en cas d'incendie, d'inondation ou de réclamation faite de l'intérieur de la maison.

Cette disposition prohibitive doit se concilier avec les termes, mentionnés ci-dessus, de l'article 184 du Code pénal : « Hors les cas prévus par la loi et sans les formalités qu'elle a prescrites. »

Les cas prévus par les dispositions ci-dessus sont très peu nombreux et sont définis par des lois spéciales et des articles du Code d'instruction criminelle.

Aujourd'hui, d'ailleurs, l'opinion presque unanime des auteurs et des praticiens est que la loi défend de s'introduire nuitamment dans le domicile des citoyens pour y opérer des perquisitions ou des arrestations. (Voir les art. 130 et 169 du décret du 20 mai 1903, p. 20 et 21, et arrêt de la Cour de cass. du 23 juin 1892, p. 29, n° 25.)

Les actes d'instruction, dit Fuzier-Herman, précité, n'ont pas de raisons assez majeures pour que la loi ait pu autoriser les magistrats indiqués au Code d'instruction criminelle à s'introduire la nuit dans le domicile des citoyens, sans leur consentement.

8. Dalloz (*Code d'instruction criminelle* annoté) déclare que ni le procureur de la République, ni le juge d'instruction, ni aucun des auxiliaires du procureur de la République ne peuvent pénétrer la nuit dans un domicile pour y perquisitionner. Les mots « de suite » n'indiquent que les heures pendant lesquelles les perquisitions sont permises.

En cas de danger, on doit faire cerner la maison. L'article 36 du Code d'instruction criminelle n'a pas dérogé à l'article 76 de la Constitution de l'an VIII.

Une circulaire du Ministre de la justice, en date du 23 germinal an IV, rappelle qu'aux termes de l'article 359 de la Constitution du 5 fructidor an III, la maison de chaque citoyen étant un asile inviolable pendant la nuit, un fonctionnaire public ne peut, sans violer les dispositions de l'acte constitutionnel, y pénétrer pendant la nuit pour se saisir d'un coupable.

Cette circulaire ajoute que, si des malfaiteurs s'y sont réfugiés, on doit faire cerner la maison par la force armée et attendre le jour avant d'y pratiquer les perquisitions nécessaires.

C'est incontestablement en vertu du même esprit de protection du domicile qu'ont été postérieurement rédigés les articles 1037 du Code de procédure civile et 184 du Code pénal.

Néanmoins, lorsqu'une perquisition a été commencée pendant le jour et qu'elle n'est pas terminée lorsqu'arrive la nuit, la jurisprudence reconnaît le droit aux magistrats de continuer la perquisition dans le lieu où ils se trouvent.

9. Le Code d'instruction criminelle n'a prévu que deux cas où les fonctionnaires pouvaient s'introduire dans une maison pendant la nuit.

Le *premier cas* résulte des dispositions des articles 46 et 49, ci-après, du Code d'instruction criminelle (réquisition d'un chef de maison).

Art. 46. Les attributions faites ci-dessus au procureur de la République pour les cas de flagrant délit auront lieu aussi toutes les fois que, s'agissant d'un crime ou délit, même non flagrant, commis dans l'intérieur d'une maison, le chef de cette maison requerra le procureur de la République de le constater.

Art. 49. Dans le cas de flagrant délit, ou dans le cas de réquisition d'un chef de maison, ils (les juges de paix, officiers de gendarmerie, commissaires de police) dresseront les procès-verbaux, recevront les déclarations des témoins, feront les visites et autres actes qui sont, auxdits cas, de la compétence des procureurs de la République, le tout dans les formes et suivant les règles établies au chapitre *Des Procureurs de la République.*

(A comparer avec l'article 141, ci-dessous, du décret du 20 mai 1903.)

Là encore il y a des restrictions à observer ; car, si la maison est occupée par plusieurs locataires, chacun d'eux est considéré comme « chef de maison » par rapport au logement qu'il occupe, et les visites domiciliaires ne peuvent porter que dans les parties de la maison occupées par ceux qui ont requis l'autorité. (CARNOT, *Instr. crim.*, t. I, p. 251.)

10. Le *deuxième cas* est prévu par l'article 616 du Code ci-dessus, que nous reproduisons.

Art. 616. Tout juge de paix, tout officier chargé du ministère public, tout juge d'instruction, est tenu d'office, ou sur l'avis qu'il en aura reçu, sous peine d'être poursuivi comme complice de détention arbitraire, de s'y transporter aussitôt, et de faire mettre en liberté la personne détenue, ou, s'il est allégué quelque cause légale de détention, de la faire conduire sur-le-champ devant le magistrat compétent.

Il dressera du tout son procès-verbal.

(Art. 77 à 82 de la Constitution du 22 frimaire an VIII ; 615 et 616 du Code d'instr. crim.)

Il est juste d'ajouter que le cas prévu par l'article 616 précité se présente très rarement.

11. L'article 9 de la loi du 11 août 1849, sur l'état de siège, permet également à l'autorité militaire de faire des perquisitions « de jour et de nuit » dans le domicile des citoyens ; mais il ne s'agit là que d'un état de choses accidentel et essentiellement temporaire, au cours duquel la plupart des garanties constitutionnelles sont suspendues, et on ne saurait évidemment assimiler les prescriptions de nos codes ordinaires à cette législation exceptionnelle.

12. A l'heure actuelle, comme nous le disons en tête de ce travail, les visites domiciliaires pendant la nuit sont clairement définies par le décret du 20 mai 1903 sur le service de la gendarmerie, et les conditions d'accès dans le domicile des citoyens ne permettent plus la controverse. En rédigeant ce règlement, les auteurs se sont évidemment inspirés des principes de la jurisprudence moderne.

Nous mentionnons ci-après les articles de ce décret qui se rapportent aux visites domiciliaires.

En cas de flagrant délit.

13. — Art. 130. Si la nature du crime est telle que la preuve puisse vraisemblablement être acquise par les papiers ou autres pièces et effets en la possession du prévenu, les officiers de gendarmerie et les commandants de brigade, lorsqu'ils sont officiers de police judiciaire, se transportent de suite dans son domicile pour y faire la perquisition des objets qu'ils jugent utiles à la manifestation de la vérité; *mais il leur est formellement interdit d'y pénétrer pendant le temps de nuit réglé par l'article 169* du présent décret. Ils doivent se borner à prendre les mesures de précaution prescrites ci-après.

14. D'après l'article 138 de ce décret, les officiers de gendarmerie et les commandants de brigade, lorsqu'ils sont officiers de police judiciaire, doivent se faire assister par le commissaire de police du lieu ou, à son défaut, par le maire ou son adjoint et, en leur absence, par deux habitants domiciliés dans la même commune, pour les opérations qu'ils accomplissent en exécution des articles 125 et suivants du susdit décret.

15. — Art. 141. Les officiers de gendarmerie et les commandants de brigade, lorsqu'ils sont officiers de police judiciaire, défèrent à la réquisition qui leur est faite, soit par le propriétaire de la maison, soit par le principal locataire ou par le locataire d'un appartement.

16. Cet article doit être rapproché de l'article 133 du même décret, dans lequel il est dit que si les officiers de gendarmerie, etc., soupçonnent que l'on puisse trouver dans une maison *autre que celle du prévenu* des pièces et effets de nature à servir de pièce à conviction, ils doivent en instruire aussitôt le procureur de la République et ne pas s'y transporter. Ce droit n'appartient qu'au juge d'instruction, seul, ou aux magistrats qu'il aura délégués.

17. — Art. 169. La maison de chaque citoyen est un asile où la gendarmerie ne peut pénétrer sans se rendre coupable d'abus de pouvoir, sauf les cas déterminés ci-après : — 1° pendant le jour, elle peut y entrer pour un motif formellement exprimé par une loi, ou en vertu d'un mandat spécial de perquisition décerné par l'autorité compétente; — 2° pendant la nuit, elle ne peut y entrer que dans le cas d'incendie, d'inondation ou de réclamation venant de l'intérieur de la maison. — Dans les autres cas, elle doit prendre seulement, jusqu'à ce que *le jour ait paru*, les mesures indiquées à l'article 171. — Le temps de nuit est ainsi réglé : — du 1er octobre au 31 mars, depuis 6 heures du soir jusqu'à 6 heures du matin; — du 1er avril au 30 septembre, depuis 9 heures du soir jusqu'à 4 heures du matin.

18. L'article 171 visé à l'article ci-dessus édicte que la gendarmerie doit se borner à investir la maison d'un particulier chez lequel se serait réfugié un individu frappé d'un mandat d'arrestation ou prévenu d'un crime ou délit, en attendant les instructions nécessaires pour y pénétrer ou l'arrivée de l'autorité qui a le droit d'exiger l'ouverture de la maison pour y faire l'arrestation de l'individu réfugié.

(A comparer les dispositions de cet article avec le § 5 de la page 15 du présent chapitre.)

L'article 169 ci-dessus mentionné est bien caractéristique. A lui seul il résume les principes contenus dans les articles 76 de la Constitution de l'an VIII et 1037 du Code de procédure civile.

19. Nous estimons qu'il serait téméraire d'objecter que les dispositions de cet article ne sont applicables qu'aux actes accomplis par les seuls représentants de la gendarmerie, alors que de l'ensemble des règles exposées il ressort indiscutablement qu'elles sont étroitement liées avec celles du Code d'instruction criminelle relatives au rôle du procureur de la République et du juge d'instruction.

20. Les autres exceptions au principe de l'inviolabilité du domicile pendant la nuit sont les suivantes :

1° En cas d'incendie, d'inondation ou de réclamation de l'intérieur de la maison, les agents de l'autorité ou autres citoyens peuvent y pénétrer pour y porter secours. (Art. 76 de la Constitution de l'an VIII et 169 du décret du 20 mai 1903.)

2° Les articles 9 et 10, titre Ier, de la loi des 19-20 juillet 1791 permettent aux officiers de police judiciaire d'entrer « en tout temps » dans les maisons où l'on donne habituellement à jouer des jeux de hasard, mais seulement sur la désignation qui leur en aura été donnée par deux citoyens domiciliés.

Un commissaire de police peut valablement perquisitionner pendant la nuit dans une maison de jeu où tout venant est reçu, sur délégation d'un juge d'instruction.

Dans ce cas, la désignation préalable de deux citoyens domiciliés prescrite par l'article 10 de la loi ci-dessus n'est pas nécessaire. (Cass. crim., 9 avril 1898).

3° S'il s'agit d'établissements tels que cafés, cabarets, boutiques, lieux livrés notoirement à la débauche, les officiers de police judiciaire et les fonctionnaires désignés par la loi peuvent également y pénétrer pendant les heures auxquelles le public y a accès. Pour les lieux notoirement livrés à la débauche, les officiers de police judiciaire peuvent y pénétrer *même la nuit*. (Loi précitée, art. 8, 9 et 10.)

En ce qui concerne les cafés et débits de boissons,

la Cour de cassation, dans son arrêt du 22 novembre 1872 (Dalloz périod. 1872, 1431), en a déterminé comme suit les conditions d'accès :

Les gendarmes ont le droit de s'introduire, après l'heure réglementaire de fermeture, dans les cafés et autres débits de boissons, lorsque ces établissements sont restés ouverts au public et qu'il y a, par suite, une contravention de police à constater ou à faire cesser.

Et même les règlements sur la police des débits de boissons peuvent les autoriser, au cas où ces établissements sont fermés, à s'en faire rouvrir les portes, toutes les fois qu'ils constatent, de l'extérieur, des circonstances de nature à faire présumer une infraction à la défense de conserver des consommateurs après l'heure.

La Cour de cassation a reconnu, dans cet arrêt, qu'en principe un débit de boissons après sa fermeture devient un lieu privé et que les officiers de police judiciaire n'ont pas le droit de s'en faire ouvrir les portes pour vérifier s'il ne s'y commet pas des infractions ; mais que, dans ce cas spécial, il y avait une contravention évidente à faire cesser, et que le contrevenant ne pouvait s'abriter derrière le principe de l'inviolabilité du domicile pour braver impunément la loi.

Il a été jugé également (nombreux arrêts et jugements des tribunaux) que l'on pouvait valablement dresser procès-verbal à un cabaretier, cafetier, etc., qui refusait d'ouvrir les portes de son établissement après l'heure de fermeture, et chez lequel une contravention évidente était constatée.

4° S'il s'agit d'établissements industriels où le travail s'effectue pendant le jour et la nuit. (Loi du 2 novembre 1892, art. 20.)

La Cour de cassation, dans son arrêt du 12 juillet 1902 (Cass. crim., Dalloz périod. 1903, 1427), a défini ainsi le droit des inspecteurs du travail :

Les inspecteurs du travail peuvent, pour l'accomplissement de leur mission, pénétrer à toute heure du jour et de la nuit dans les établissements où le travail est organisé pendant le jour et pendant la nuit.

Au contraire, lorsqu'il s'agit d'établissements où le travail n'est organisé que pendant le jour, les inspecteurs du travail ne peuvent, sans violer le principe de l'inviolabilité du domicile, y pénétrer pendant la nuit, dans le seul but de les visiter et de rechercher s'il ne s'y commet pas une contravention aux prescriptions de la loi du 2 novembre 1892.

Toutefois, les inspecteurs du travail peuvent toujours, pendant la nuit, réclamer l'ouverture d'un établissement où le travail n'est organisé que pendant le jour, lorsqu'ils auront recueilli des indices leur permettant de croire à une contravention du travail.

Mais ce droit ne peut leur être reconnu que sous le contrôle des tribunaux auxquels il appartient d'apprécier si, à raison des présomptions de fraude à la loi résultant des circonstances de fait relatées au procès-verbal ou régulièrement établies, la réquisition a été légalement faite et si le refus d'y obtempérer a constitué une infraction tombant sous le coup de l'article 29 de la loi du 2 novembre 1892.

L'article 29 de la loi du 2 novembre 1892 prévoit

les obstacles apportés dans l'accomplissement de la mission des inspecteurs du travail.

5° Lorsqu'il s'agit de pratiquer les visites et vérifications dans les brasseries et distilleries (art. 8, § 1er, de la loi du 30 mai 1899 ci-après). Les employés des contributions indirectes et de l'octroi ont le droit de pratiquer ces visites sans l'assistance d'un officier de police judiciaire.

Art. 8, § 1er. Les brasseurs et les distillateurs de profession sont soumis, tant de jour que de nuit, même en cas d'inactivité de leurs établissements, aux visites et vérifications des employés de la régie et de l'octroi, et tenus de leur ouvrir à toute réquisition leurs maisons, brasseries, ateliers, magasins, caves et celliers.

Toutefois, les brasseurs et distillateurs peuvent s'affranchir des visites de nuit, pendant les périodes d'inactivité, en faisant une déclaration et sous certaines conditions déterminées par le décret du 10 août 1899.

Règles spéciales à observer pour les constatations judiciaires à faire dans les palais, maisons, lycées, collèges, etc., appartenant à l'Etat.

Lorsqu'il s'agit de procéder à des visites et perquisitions judiciaires dans les palais, châteaux, maisons nationales ou leurs dépendances, les magistrats et autres officiers de police judiciaire sont, indépendamment de l'observance des heures légales, obligés de se présenter préalablement au gouverneur de ces habitations, et celui-ci ou son remplaçant sera tenu de leur donner non seulement tous les accès et facilités nécessaires pour opérer, mais même de leur prêter aide, assistance et secours, en cas de besoin, dans cette partie de leurs fonctions ; bien plus, le gouverneur peut prendre, à l'égard du magistrat, l'initiative d'une réclamation d'intervention. (Ordonn. du 20 août 1817, art. 2, 3 et 4.)

A l'égard des lycées, collèges et autres établissements d'instruction publique appartenant à l'Université, aucun officier de justice ou de police ne peut, *hors le cas de flagrant délit, incendie ou de secours demandé à l'intérieur*, s'introduire dans ces établissements pour constater le corps du délit ou pour l'exécution des mandats d'amener ou d'arrêt dirigés contre les membres ou élèves, s'il n'en a l'autorisation spéciale, par écrit, du procureur général ou de l'un de ses substituts ou du procureur de la République. (Décret du 15 novembre 1811, art. 157.)

§ 3. — Violation de domicile.

21. La violation du domicile est réprimée par l'article 184 du Code pénal, ci-après :

Art. 184. Tout fonctionnaire de l'ordre administratif ou judiciaire, tout officier de justice ou de police, tout commandant ou agent de la force publique qui, agissant en sadite qualité, se sera introduit dans le domicile d'un citoyen contre le gré de celui-ci, hors les cas prévus par la loi et sans les formalités qu'elle a prescrites, sera puni d'un emprisonnement de six jours à un an et d'une amende de 16 à 500 francs, sans préjudice de l'application du second paragraphe de l'article 114.

Tout individu qui se sera introduit, à l'aide de menaces ou de violences, dans le domicile d'un citoyen sera puni d'un emprisonnement de six jours à trois mois et d'une amende de 16 à 500 francs.

22. L'article 184 du Code pénal distingue deux sortes d'infractions. La première est le fait d'un fonctionnaire public qui s'introduit par ruse, dissimulation ou subterfuge dans le domicile d'un citoyen. Cette infraction est réprimée par le § 1er de l'article 184. *A fortiori* tomberait-il sous l'application de ce même paragraphe s'il s'introduisait dans le domicile par violence. (Cass., 23 juin 1892.)

23. Au contraire, un particulier n'est punissable en vertu du § 2 du même article que s'il y pénètre par violences ou menaces, et non par ruse, mensonge et simulation. (Garraud, *Droit pénal*, t. IV, n° 1210.)

La jurisprudence décide qu'un fonctionnaire s'introduit chez l'habitant contre son gré lorsque le consentement de ce dernier n'a pas été donné librement et en connaissance de cause.

24. C'est ainsi que la Cour d'appel de Rennes, par arrêt en date du 9 décembre 1885, a condamné un fonctionnaire qui avait introduit, la nuit, un individu dans la chambre d'une femme, en se faisant ouvrir la porte, sous prétexte de continuer une enquête commencée les jours précédents au sujet d'une folle habitant la même maison. (*Journal des Parquets*, 86, 2, 23.)

25. Jugé que les agents de police qui agissent en vertu d'instructions formelles, quoique mal définies, et pénètrent la nuit et de vive force dans le domicile d'un citoyen pour constater un délit et en arrêter l'auteur, ont le caractère d'agents de la force publique, et l'infraction par eux commise tombe sous l'application du § 1er de l'article 184 du Code pénal. (*Pandectes françaises* 1893, 1449; — Cass., 23 juin 1892.)

Dans l'espèce, il s'agissait d'une arrestation dans une chambre d'hôtel.

26. Jugé également que, les dispositions du § 2 de l'article 184 du Code pénal punissant toute personne qui s'introduit à l'aide de menaces ou violences dans le domicile d'un citoyen, ces dispositions ont pour but de protéger d'une manière générale la demeure d'autrui, sans qu'il y ait lieu de distinguer si *la résidence est permanente ou temporaire* et établie en vue *d'un droit ou d'une simple permission.* (Cass., 24 juin 1893 ; — Agen, 7 décembre 1905 ; — Fuzier-Herman, précité.)

La jurisprudence est aujourd'hui unanime pour reconnaître qu'une chambre d'hôtel, même louée à la journée, constitue le domicile légal prévu et protégé par l'article 184 du Code précité.

C'est ce que vient encore de reconnaître la 11e chambre du tribunal correctionnel de Paris, par jugement en date du 19 mars 1909.

Exceptions aux règles que nous venons d'exposer, en matière parlementaire et diplomatique.

27. La règle que les lois de police et de sûreté obligent tous ceux qui habitent le territoire français, comporte des exceptions au profit, d'une part, des membres du Parlement et, d'autre part, en faveur des membres du corps diplomatique. (Art. 3, § 1er, du Code civil.)

En outre, le personnel des navires de guerre et de commerce étrangers ancrés dans les rades et ports français est également protégé par les lois internationales.

§ 4. — Exceptions en matière parlementaire.

28. Sous la législation actuelle, le Président de la République française ne peut être mis en accusation, en matière criminelle, que par la Chambre des députés et jugé que par le Sénat. (Loi constitutionnelle du 16 juillet 1875, art. 12.)

Au point de vue politique, il n'est responsable

qu'en cas de haute trahison. (Art. 6, § 2, de la loi du 25 février 1875.)

29. Les ministres peuvent être mis en accusation par la Chambre des députés pour crimes commis dans l'exercice de leurs fonctions. Ils sont jugés par le Sénat. (Art. 12, § 2, de la loi constitutionnelle du 16 juillet 1875.)

30. D'après l'article 13 de la loi ci-dessus, aucun membre de l'une ou de l'autre Chambre ne peut être poursuivi ou recherché à l'occasion des opinions ou votes émis par lui dans l'exercice de ses fonctions.

Un arrêt de la Cour de cassation, en date du 24 février 1893, déclare que cette disposition n'assure que la liberté des opinions et des votes, mais non l'impunité des crimes commis dans l'exercice des fonctions.

L'article 14 de la même loi de 1875 dispose qu'aucun membre de l'une ou de l'autre Chambre ne peut, pendant la durée des sessions, être poursuivi ou arrêté, en matière criminelle ou correctionnelle, qu'avec l'assentiment préalable de la Chambre dont il fait partie, sauf le cas de flagrant délit. (Trib. correct. de Paris, 1er juillet 1910, 9e chambre.)

31. Mais cette immunité ne fait pas obstacle à l'audition des témoins, aux expertises, perquisitions et procès-verbaux de constat.

32. Il est, en effet, de pratique parlementaire que

l'inviolabilité du député ne s'étend pas à son domicile. (Pierre, *Traité de Droit politique, électoral et parlementaire ;* — Fuzier-Herman ; — Dalloz.)

L'inviolabilité se trouve suspendue en cas de flagrant délit. (Art. 41 du Code d'instr. crim. et art. 14 de la loi constitutionnelle du 16 juillet 1875.)

L'immunité parlementaire ne s'étend pas aux contraventions de simple police. (G. Le Poittevin, *Dictionnaire de la simple police*, t. II, p. 628.)

§ 5. — Exceptions en matière diplomatique et internationale.

33. Les agents diplomatiques accrédités auprès du gouvernement français jouissent d'une plus grande immunité que celle accordée aux membres du Parlement français, en raison du principe de l'*exterritorialité.*

L'exterritorialité est encore considérée de nos jours comme une fiction « en vertu de laquelle les représentants des Etats sont réputés avoir leur domicile dans le pays qu'ils représentent, et non dans celui où ils exercent leurs fonctions ».

De ce principe on déduit toutes les conséquences logiques pour soustraire à peu près complètement les agents diplomatiques à l'action de la souveraineté du pays où ils sont envoyés en mission.

34. Les agents diplomatiques sont donc soustraits

à toute action de la justice et des juridictions locales pour quelque infraction que ce soit [crimes, délits, contraventions, infractions douanières, etc. (Décret du 13 ventôse an VII; — Cass., 11 juin 1852; — DALLOZ, 52, 1, 192).]

En cas d'infraction grave, on ne peut que demander leur rappel et, en cas de refus et d'urgence, les expulser. (F. DESPANET, *Cours de Droit international.*)

35. Les personnes couvertes par l'inviolabilité sont : 1° tous les ministres représentant régulièrement un pays ; 2° tout le personnel diplomatique ou officiel ; 3° leur famille et toute leur suite personnelle et non officielle.

Quant à la domesticité et au personnel privé, la jurisprudence admet généralement qu'ils sont soumis à la juridiction locale. Si un crime ou délit a été commis dans l'hôtel de l'ambassade, c'est souvent l'agent diplomatique lui-même qui prend l'initiative des poursuites. (DALLOZ, *Dictionnaire pratique de droit.*)

36. L'inviolabilité d'un agent diplomatique s'étend à tout ce qui est nécessaire pour l'exercice de ses fonctions (effets personnels, papiers, archives, etc.). Elle commence dès qu'il a mis les pieds sur le territoire français et dure aussi longtemps qu'il ne l'a pas quitté. (Cass., 24 mai 1879.)

37. Si une inviolabilité aussi rigoureuse protège

l'agent diplomatique et sa suite officielle, ce dernier ne peut plus, comme autrefois, recevoir dans l'hôtel de l'ambassade des réfugiés criminels pour les soustraire à l'action de la justice locale.

L'hôtel de l'ambassade étant inaccessible aux autorités locales, même pour l'exercice de la justice criminelle, sans l'assentiment préalable du ministre étranger, les autorités devraient simplement faire cerner l'ambassade et attendre des instructions, si un malfaiteur s'y était réfugié et que le ministre refusât de le livrer.

Des consuls.

38. Les consuls ne sont pas des agents politiques comme les ambassadeurs, ministres plénipotentiaires, etc., mais des fonctionnaires chargés de protéger les opérations commerciales et les personnes de leur pays ; et il est généralement admis qu'ils ne jouissent pas, dans l'ensemble, des immunités et privilèges que le droit international reconnaît aux représentants des Etats.

Des conventions particulières peuvent les assimiler aux agents diplomatiques (*Ex.* : la convention franco-belge du 30 juillet 1891).

En général, les conventions et les usages réciproques leur accordent l'inviolabilité personnelle, sauf en cas de crime.

39. En cas de crime, les consuls peuvent jouir du bénéfice de l'immunité territoriale en vertu du principe de la réciprocité diplomatique.

Ainsi, un consul étranger traduit devant les tribunaux français pour crimes et délits commis par lui sur le territoire français pourrait invoquer le privilège d'exterritorialité si ce privilège est reconnu aux consuls français par les traités de la nation à laquelle il appartient. (Paris, 8 janvier 1886 ; — art. 11 du Code civil ; — DALLOZ et DESPANET, précités.)

40. Les consuls étrangers condamnés par la juridiction de droit commun dans le pays où ils résident peuvent être poursuivis jusque dans leur domicile privé.

Mais les poursuites doivent s'arrêter au seuil de la partie de la demeure du consul réservée à l'exercice de ses fonctions et où se trouvent renfermées les archives consulaires. Ces archives sont inviolables et les autorités locales n'ont pas le droit d'y faire des recherches, y saisir des pièces ou prendre communication d'un document contre la volonté du consul.

§ 6. — Navires de guerre étrangers.

41. En vertu du principe : *Là où est le drapeau, là est la patrie*, le navire de guerre est considéré en tout temps et en tout lieu comme une portion de l'Etat dont il porte le pavillon. A ce titre, il jouit de toutes les immunités attachées à la souveraineté des Etats.

Il résulte de ces principes que les crimes et délits de droit commun commis par le personnel d'un navire de guerre, que ce soit à bord ou à terre, en pleine mer ou dans les eaux territoriales d'une puissance étrangère, sont justiciables du tribunal du bord. (VALENTINO, *Droit international maritime.*)

En conséquence, toute personne faisant partie de l'équipage d'un navire de guerre est considérée comme relevant de la législation du pays auquel appartient le navire sur lequel elle est embarquée, lorsqu'elle se trouve à terre ; mais cependant, si elle vient à commettre un crime ou un délit, et que les autorités locales l'arrêtent, elle devient justiciable des tribunaux du pays riverain. Si, au contraire, elle a pu se réfugier à bord avant d'être appréhendée, les autorités locales n'ont plus le droit de la poursuivre.

42. Les réfugiés nationaux, une fois admis à bord des navires de guerre, sont à l'abri de toutes poursuites des autorités locales. En outre, les commandants des navires de guerre ont le devoir moral de ne pas livrer les réfugiés politiques.

La France ne les livre jamais.

§ 7. — Navires de commerce étrangers.

43. En pleine mer, les navires de commerce étrangers jouissent du bénéfice de l'exterritorialité, et tous les actes accomplis à bord relèvent de l'autorité du pays dont ils portent le pavillon, pour la bonne raison que, cette partie de la mer étant *res nullius*, les navires ne sont astreints à aucune autorité étrangère.

Dans les eaux territoriales étrangères, au contraire, on considère les navires de commerce comme relevant de la juridiction de l'Etat riverain.

44. En ce qui concerne la France, la pratique est fixée à cet égard, envers les navires de commerce étrangers mouillés dans ses ports, par l'avis du Conseil d'Etat en date du 20 novembre 1806, ainsi conçu :

1° La juridiction territoriale ne doit jamais s'immiscer dans les actes de discipline accomplis à bord des navires de commerce étrangers qui se trouvent dans un port français;

2° Elle doit également rester étrangère à tous les délits commis entre gens de l'équipage, à moins qu'il n'y ait appel à son aide de la part de l'autorité du bord ou que la tranquillité du bord ne soit compromise. (Cass., 25 février 1859.)

De cette jurisprudence, il résulte que les autorités locales sont compétentes :

1° Lorsque l'ordre public a été troublé dans le port ;

2° Lorsque leur intervention a été demandée par le capitaine du bord.

45. L'intervention de l'autorité locale serait encore justifiée si le fait délictueux se passait entre individus dont l'un au moins n'appartiendrait pas à l'équipage.

46. La France revendique toujours la compétence exclusive de ses tribunaux pour les faits commis entre les membres des équipages des navires français dans un port étranger. (Ordonn. des 19 octobre 1833, art. 22, et 7 novembre 1833, art. 10.)

47. La réciprocité est consacrée par de nombreuses conventions passées entre la France et les Etats-Unis (23 février 1853, art. 8) ; avec l'Italie (26 juillet 1862, art. 13).

48. Lorsqu'il y a lieu de pratiquer des perquisitions et des recherches de malfaiteurs à bord des navires de commerce étrangers mouillés dans un port français, la pratique exige, par courtoisie d'abord, et obligatoirement selon nombre de conventions, que les autorités locales se fassent accompagner à bord, du consul du pays auquel le navire appartient. (Despanet.)

Toutes ces questions de droit international sont extrêmement délicates, et on fera bien, dans les cas douteux, de prendre les instructions du chef du parquet avant d'agir.

CHAPITRE II

MÉDECINS

RÉQUISITIONS AUX MÉDECINS

1. Aux termes de l'article 23 de la loi du 30 novembre 1892 sur l'exercice de la médecine, tout docteur en médecine est tenu de déférer aux réquisitions de la justice, sous peine d'une amende de 25 à 100 francs prévue à l'article 22 de la même loi.

Le refus constitue un délit correctionnel.

2. Les réquisitions adressées aux médecins ne sont soumises à aucune forme particulière. Elles peuvent être écrites ou verbales ; mais elles doivent être conçues en termes suffisamment impératifs pour que le citoyen à qui elles sont adressées comprenne que le magistrat entend, non pas exprimer un désir, mais user d'un droit fortifié par une sanction pénale. (Bourges, 4 avril 1895 ; — DALLOZ, *Dictionnaire pratique de droit*, t. II, p. 918, n° 38.)

Dans la pratique, les réquisitions sont généralement faites verbalement, et la réquisition écrite ne leur est remise que lorsque les médecins requis ont obtempéré.

3. Cette réquisition écrite est d'ailleurs indispensable aux médecins, car leurs mémoires de frais doivent être appuyés des réquisitions en vertu desquelles ils ont opéré. (Instr. gén. du 30 novembre 1826.)

4. Le réquisitoire peut être ainsi rédigé :

RÉQUISITOIRE

De par la loi,

Nous......................, Commissaire de police de la ville de................., officier de police judiciaire, auxiliaire de Monsieur le Procureur de la République,

REQUÉRONS M................, docteur en médecine, demeurant à...................................,

à l'effet de................. (*s'il s'agit d'un cadavre, dire* :) examiner un cadavre trouvé à................ (*tel endroit*), dont la mort est inconnue ou suspecte, et nous faire son rapport, en honneur et conscience, sur les causes apparentes du décès.

(*S'il s'agit de blessures*, dire :) procéder à l'examen des blessures du sieur......................., à quelle cause et à quel instrument elles doivent être attribuées, quelle sera l'incapacité de travail qui en résultera, ou si la vie du blessé est en danger de mort, etc.

M.................... rédigera, de son opération, un rapport qu'il nous adressera le plus tôt possible.

A.............., le.............. 19 .

Le Commissaire de police,

A Marseille, les réquisitoires adressés aux médecins sont terminés comme suit :

Nous, Commissaire de police susdit et soussigné, certifions que M..................... a obtempéré à notre réquisition et.................................. (*décrire sommairement l'opération faite par le médecin*).

Attendu qu'il y a des poursuites judiciaires, disons qu'il y a lieu de lui allouer une somme de........... pour sa vacation, payable sur les fonds de la justice criminelle.

Marseille, le..................

Le Commissaire de police,

5. Ainsi que nous le disons plus loin, les honoraires des médecins requis ne font pas partie des frais urgents, et les officiers de police judiciaire n'ont pas qualité pour taxer les mémoires des médecins.

Ici il ne s'agit pas de mémoires, mais de réquisitions destinées à appuyer les susdits mémoires qui seront ultérieurement présentés à la taxe du magistrat compétent.

Les renseignements portés sur ces réquisitoires par les officiers de police judiciaire requérants constituent une indication utile pour le magistrat taxateur et lui permettent d'apprécier la légitimité du montant des mémoires qui lui sont soumis. D'où nécessité, pour les requérants, de connaître à fond tout ce qui a trait à la nature et au taux des honoraires à allouer aux médecins.

6. Les vacations dues aux médecins par suite des réquisitions des commissaires de police sont déterminées par le décret du 21 novembre 1893, pris en exécution de la loi du 30 novembre 1892 (art. 14), et revisant les articles 16 et suivants du chapitre II du tarif criminel du 18 juin 1811 que nous reproduisons ci-dessous.

7. Les honoraires et vacations des médecins requis par les officiers de justice font partie des frais de justice criminelle. (Art. 2, n° 3, du tarif de 1811.)

8. Mais ce sont des frais non urgents. (Circ. du Garde des sceaux du 5 juin 1860.)

9. Ces frais sont payés aux parties prenantes sur états ou mémoires établis en double exemplaire, dont un sur timbre, si la somme à payer est supérieure à 10 francs (art. 146 du tarif précité), après une série de formalités déterminées par les articles 140 du décret de 1811, 3 de l'ordonnance du 28 novembre 1838 et la circulaire du Garde des sceaux du 23 février 1887.

10. Le rapport du médecin requis étant dispensé du timbre et de l'enregistrement, doit être rédigé sur papier libre. (Décis. de l'enregistrement du 19 février 1897.)

Décret du 21 novembre 1893, portant règlement d'administration publique en exécution des paragraphes 2 et 3 de l'article 14 de la loi du 30 novembre 1892, relativement aux expertises médicales.

CHAPITRE Ier

DES CONDITIONS DANS LESQUELLES EST CONFÉRÉ LE TITRE D'EXPERT MÉDECIN DEVANT LES TRIBUNAUX

Art. 1er. Au commencement de chaque année judiciaire, et dans le mois qui suit la rentrée, les cours d'appel, en chambre du conseil, le procureur général entendu, désignent, sur des listes de proposition des tribunaux de première instance du ressort, les docteurs en médecine à qui elles confèrent le titre d'expert devant les tribunaux.

Art. 2. Les propositions du tribunal et les désignations de la cour ne peuvent porter que sur les docteurs en médecine français, ayant au moins cinq ans d'exercice de la profession médicale, et demeurant soit dans l'arrondissement du tribunal, soit dans le ressort de la cour d'appel.

Art. 3. En dehors des cas prévus aux articles 43, 44, 235 et 268 du Code d'instruction criminelle, les opérations d'expertise ne peuvent être confiées à un docteur en médecine qui n'aurait pas le titre d'expert. Toutefois, suivant les besoins particuliers de l'instruction de chaque affaire, les magistrats peuvent désigner un expert près un tribunal autre que celui auquel ils appartiennent.

En cas d'empêchement des médecins experts résidant dans l'arrondissement, et s'il y a urgence, les magistrats peuvent, par ordonnance motivée, commettre un docteur en médecine français de leur choix.

CHAPITRE II

DES HONORAIRES, VACATIONS, FRAIS DE TRANSPORT ET DE SÉJOUR DES EXPERTS MÉDECINS

Art. 4. Chaque médecin requis par des officiers de justice ou de police judiciaire ou commis par ordonnance, dans les cas prévus par le Code d'instruction criminelle, reçoit à titre d'honoraires :

1° Pour une visite après premier pansement, 8 francs;

2° Pour toute opération autre que l'autopsie, 10 francs;

3° Pour autopsie avant inhumation, 25 francs;

4° Pour autopsie après inhumation, 35 francs.

Au cas d'autopsie d'un nouveau-né, les honoraires sont de 15 et 25 francs, suivant que l'opération a eu lieu avant inhumation ou après exhumation.

Tout rapport écrit donne droit, au minimum, à une vacation de 5 francs.

Art. 5. Le coût des fournitures reconnues nécessaires pour les opérations est remboursé sur la production des pièces justificatives de la dépense.

Art. 6. Il n'est rien alloué pour soins et traitements administrés soit après le pansement, soit après les visites ordonnées d'office.

Art. 7. En cas de transport à plus de deux kilomètres de leur résidence, les médecins reçoivent par kilomètre parcouru, en allant et en revenant :

1° 20 centimes, si le transport a été accompli en chemin de fer;

2° 40 centimes, si le transport a eu lieu autrement.

Art. 8. Dans le cas où les médecins sont retenus

dans le cours de leur voyage par force majeure, ils reçoivent une indemnité de 10 francs par chaque journée de séjour forcé en route, à la condition de produire à l'appui de leur demande d'indemnité un certificat du juge de paix ou du maire de la localité constatant la cause du séjour forcé.

Art. 9. Il est alloué aux médecins, outre les frais de transport, s'il y a lieu, une vacation de 5 francs, à raison de leurs dépositions soit devant un tribunal, soit devant un magistrat instructeur. Si les médecins sont obligés de prolonger leur séjour dans la ville où siège soit le tribunal, soit le juge d'instruction devant lequel ils sont appelés, il leur est alloué, sur leur demande, une indemnité de 10 francs pour chaque journée de séjour forcé.

Art. 10. Sont abrogées toutes les dispositions du décret du 18 juin 1811 en ce qu'elles ont de contraire au présent chapitre.

CHAPITRE III

DISPOSITIONS TRANSITOIRES

Art. 11. Les officiers de santé reçus antérieurement au 1er décembre 1893 et ceux reçus dans les conditions déterminées par l'article 31 de la loi du 30 novembre 1892 peuvent être portés sur la liste d'experts près les tribunaux s'ils réunissent les conditions de nationalité, de durée d'exercice de leur profession et de résidence prévues à l'article 2 du présent décret. Ils ont droit aux mêmes honoraires, vacations, frais de transport et de séjour que les docteurs en médecine.

Art. 12. Le tarif prévu au chapitre II du présent

décret ne sera applicable qu'aux opérations requises postérieurement au 30 novembre 1893.

Art. 13. Le Garde des sceaux, Ministre de la justice, est chargé de l'exécution du présent décret qui sera publié au *Journal Officiel* de la République française et inséré au *Bulletin des Lois.*

12. L'application du tarif édicté par le décret du 21 novembre 1893 a donné lieu à quelques divergences d'interprétation qui ont obligé la chancellerie à les trancher par voie de circulaires.

Nous ne mentionnerons de ces circulaires que les parties se rapportant aux questions que nous traitons.

Une première circulaire du Garde des sceaux, Ministre de la justice, en date du 31 juillet 1894 (*Bulletin Officiel du ministère de la justice*, année 1894, p. 180 et suiv.), fixe ainsi qu'il suit les conditions d'application du nouveau tarif :

Monsieur le Procureur général,

La vérification de plusieurs mémoires de médecins m'a permis de constater que l'application du nouveau tarif des opérations médico-légales avait donné lieu à des erreurs d'interprétation dont les conséquences sont particulièrement préjudiciables aux intérêts du Trésor.

§ 1er. Quelques médecins experts, s'inspirant de l'article 17 du règlement général du 18 juin 1811, qui allouait pour toute ouverture de cadavre, ou autopsie, en sus du prix de cette opération, le prix d'une visite, continuent de réclamer pour une autopsie, indépendamment du prix de cette autopsie, le prix d'une visite.

Sur ce point, le décret de 1893 diffère de celui de 1811 : supprimant la division des médecins en trois classes, le nouveau règlement leur applique d'une manière uniforme un seul et même tarif, assez élevé pour rémunérer séparément chacune de leurs diverses opérations; c'est ainsi que les autopsies, divisées en quatre catégories, reçoivent un salaire qui varie de 15 à 35 francs, tandis que le règlement de 1811 n'accordait, pour les ouvertures de cadavres, qu'une indemnité totale de 15 francs, 12 francs ou 8 francs, suivant la classe des médecins.

Le nouveau règlement institue, en outre, pour tout rapport écrit, si peu développé qu'il soit, un salaire spécial que n'accordait pas l'ancien et qui ne peut être inférieur à 5 francs. (Art. 4, *in fine.*)

Dans ces conditions, si une autopsie a été précédée soit d'une visite antérieure et distincte, soit d'une opération plus difficile, on doit cumuler le prix de l'autopsie avec le prix de la visite ou de l'opération plus difficile. Mais, si l'autopsie a été pratiquée au cours d'une visite unique, la visite n'est que l'accessoire de l'opération chirurgicale avec laquelle elle se confond et dans ce cas, le prix de la visite n'est pas dû.

§ 2. En ce qui concerne le prix du rapport, l'article 4 du décret de 1893 dispose qu'il ne pourra être inférieur au montant d'une vacation de 5 francs.

Toute vacation représentant trois heures de travail, il ne doit être accordé qu'une seule vacation pour tout rapport dont la rédaction ne semble pas avoir exigé un temps plus long.

En conséquence, toutes les fois qu'un mémoire compte de ce chef plus d'une vacation, les magistrats taxateurs doivent vérifier quel est le développement inusité du rapport avant d'accorder la dépense en taxe.....

....

§ 4. Je ne crois pas inutile de vous rappeler que

l'article 22 du décret de 1811, qui fixe le montant des vacations de jour et de nuit dues aux experts (médecins et autres), n'a pas été abrogé par le décret de 1893. En conséquence, il doit être appliqué en matière d'expertise médicale proprement dite, quand il s'agit de l'examen mental de prévenus, d'analyses chimiques, etc.

13. Une autre circulaire du Garde des sceaux, du 2 juillet 1906 (*Bulletin Officiel* de 1906, p. 73) rappelle que, contrairement au tarif du décret de 1893, certains médecins continuent à transformer la visite tarifée 8 francs, avec premier pansement, en une opération autre que l'autopsie tarifée 10 francs, et qu'ils exagèrent la vacation du rapport qui, cependant, en matière correctionnelle, ne devrait jamais dépasser 5 francs.

14. Les opérations plus difficiles que la simple visite et qui donnent lieu à la vacation de 10 francs, sont : les interventions chirurgicales, réductions, amputations et autres opérations de même nature que la situation du malade commande de faire immédiatement.

15. Ainsi, le prix d'une simple visite est dû pour un examen au spéculum dans des conditions normales (Décis. du 18 juin 1900) ; pour un toucher vaginal (Décis. du 9 août 1906), ou pour l'examen extérieur d'un cadavre (Décis. du 24 juillet 1906). [LACOMBLEZ, *Guide pratique de la vérification des frais de justice.*]

16. Les commissaires de police ou tous autres officiers de police judiciaire peuvent se trouver dans la nécessité de faire examiner par un médecin un prévenu qui refuse de marcher sous prétexte de maladie. Les médecins requis pour ce cas particulier n'ont pas droit aux honoraires fixés par l'article 4, § 1er, du décret de 1893.

17. La décision du Ministre de la justice, en date de mars-avril 1903 (*Bulletin Officiel* 1903, p. 141), fixe ce point.

Certains médecins, appelés à constater qu'un détenu ne peut être transféré à pied, émettent la prétention d'être rémunérés comme s'il s'agissait d'une visite et d'un rapport écrit (13 francs). On ne saurait assimiler une constatation aussi simple que celle prévue par l'article 5 du décret du 18 juin 1811 à une opération de médecine légale, ni un certificat sommaire à un rapport écrit destiné à éclairer la justice sur les conséquences ou l'état de lésions.

L'allocation d'une vacation en vertu de l'article 22 du décret de 1811 est largement suffisante.

Puis après avoir recommandé aux chefs de parquets de se concerter avec les commandants de gendarmerie au sujet de l'application judicieuse de l'article 5 du décret susvisé, le Ministre ajoute :

Aussi il a été décidé que le certificat médical peut être remplacé par une attestation de l'autorité chargée de requérir la translation, chaque fois qu'il s'agit d'individus atteints d'une maladie ou d'une infirmité apparente. Un certificat est superflu pour les vieillards, les femmes et les enfants, ainsi que pour les prévenus qui se bornent à opposer un refus catégorique de marcher. Enfin, l'absence d'un médecin sur les lieux dispense les chefs de brigade de recourir à une mesure susceptible de retarder la translation. La réquisition doit alors simplement énoncer la circonstance qui rend nécessaire un transfèrement en voiture ou par chemin de fer.....

....

18. L'article 22 du tarif du 18 juin 1811 visé ci-dessus, et qui est le tarif des experts, est ainsi conçu :

Chaque expert ou interprète recevra, pour chaque vacation de trois heures, et pour chaque rapport, lorsqu'il sera fait par écrit, savoir :

Paris.............................	5	francs.
Villes de 40.000 habitants et au-dessus.	4	—
Autres villes et communes............	3	—

Les vacations de nuit sont payées moitié en sus.

Il ne pourra être alloué, pour chaque journée, que deux vacations de jour et une de nuit.

19. La circulaire précitée du 31 juillet 1894 indique que, lorsqu'un médecin procède à une expertise médicale proprement dite, telle qu'analyse chimique ou examen d'un prévenu au point de vue mental, c'est l'application de ce dernier tarif qui doit lui être faite, et non celui du décret du 21 novembre 1893.

Dans les autres cas, les honoraires du médecin pour visites, opérations, autopsies, rapports écrits, transports, etc., sont fixés par les articles 4 et suivants du décret de 1893.

20. Le décret du 21 novembre 1893 n'est pas applicable aux sages-femmes, dont les honoraires en cas de réquisition sont fixés par l'article 18 du tarif de 1811 : Paris, 3 francs ; autres villes et communes, 2 francs, outre le prix des fournitures nécessaires.

21. Pour les transports en chemin de fer, la distance doit être calculée suivant les indicateurs des chemins de fer ; le principe institué par l'article 93 du tarif criminel ne peut recevoir son application que si les voies ordinaires sont employées. (Décis. du 14 mai 1903 ; — LACOMBLEZ, précité.)

22. En principe, on ne doit adresser des réquisitions aux médecins que lorsque l'on se trouve en présence de faits présentant un certain caractère de gravité.

De légères blessures ou contusions ne justifient pas la nécessité d'un certificat médico-légal. Dans ces derniers cas, on doit inviter les plaignants à joindre à leurs plaintes, s'ils le jugent utile, un certificat médical dont les frais sont supportés par eux. Il ne faut pas oublier, en effet, que les avances faites par le ministère de la justice ne sont pas toujours recouvrables et, dans l'intérêt des finances publiques, on ne doit engager des dépenses que lorsque la nécessité s'en fait absolument sentir.

23. D'après Fuzier-Herman (*Répertoire général du droit français*, t. XXVII, V° Médecins, n°s 348 et suiv.), il n'est pas possible de déterminer théoriquement dans quels cas les magistrats doivent recourir aux lumières des médecins légistes. C'est la nature de l'affaire qui permet seule de décider si une expertise médico-légale est nécessaire.

Les articles 43 et 44 du Code d'instruction criminelle ne sont évidemment pas limitatifs.

Dans le cas de mort violente, pour peu que la cause en soit douteuse et qu'il puisse résulter de ce doute une présomption même vague de crime ou délit, le fait doit être vérifié judiciairement ; et quel que soit le résultat de cette vérification, la dépense qu'elle a causée doit être acquittée comme frais de justice. (Décis. minist. du 8 février 1842.)

24. Aussi les magistrats procédant en vertu de l'article 44 du Code d'instruction criminelle sont-ils obligés d'indiquer, dans les réquisitions qu'ils adressent aux médecins, que la cause du décès est inconnue ou suspecte.

25. Mais il en est autrement quand il s'agit d'une mort, même violente, qui ne constitue évidemment ni crime ni délit. Alors la visite n'est point faite dans l'intérêt de la justice, puisqu'elle n'a pas pour objet de fournir l'élément d'une information judiciaire.

C'est une mesure de police administrative dont la

dépense doit être supportée par l'administration civile. (Décis. du 8 février 1842, précitée.)

En d'autres termes, on doit soigneusement s'abstenir de requérir le ministère des médecins pour la visite des personnes noyées, suicidées, tuées accidentellement ou décédées naturellement, à moins qu'il n'y ait présomption de crime, comme il est dit ci-dessus.

26. A défaut de pareils soupçons, et s'il ne s'agit que de soins à administrer ou de remplir les formalités prescrites par l'article 81 du Code civil, les honoraires des médecins ne doivent jamais être compris parmi les frais de justice criminelle. (Décis. minist. du 24 novembre 1824.)

27. C'est dans cet ordre d'idées que fut rédigée la circulaire du Garde des sceaux, Ministre de la justice, en date du 23 février 1887 (*Bulletin Officiel*, année 1887), adressée aux procureurs généraux, et dont nous donnons ci-après le chapitre relatif aux transports des magistrats et auxiliaires de la justice.

§ VIII. — *Transports des magistrats et auxiliaires de la justice.*

L'indemnité allouée par l'article 88 du décret de 1811 pour le transport des juges de paix agissant en cas de flagrant délit ou en vertu d'une commission rogatoire du juge d'instruction, ne s'applique pas pour les besoins d'une information officieuse.

....

Les juges de paix sont rémunérés des frais de transport effectués en flagrant délit : aussi est-il de toute nécessité, dans l'intérêt du Trésor, qu'ils ne se déplacent pas sans motifs sérieux, c'est-à-dire en l'absence de présomptions de crime nettement caractérisées.

Trop souvent les juges de paix, sur une lettre ou un télégramme conçus en termes laconiques, leur signalant une mort suspecte, croient devoir se transporter immédiatement.

Cette préoccupation est fâcheuse, car elle occasionne des frais nombreux de déplacements, souvent inutiles.

Le juge de paix se renseignera tout d'abord, s'il est possible, sur les causes de la mort quand celles-ci ne seront pas suffisamment indiquées dans l'avis de décès.

C'est en cas d'urgence seulement, et dans l'impossibilité d'obtenir à bref délai un supplément d'indication, qu'il consentira à se transporter sans renseignements précis; et alors il devra aviser sans retard le parquet.

Pour éviter toute incertitude, vous rappellerez aux maires que leur premier soin, le décès constaté, est de s'assurer exactement des causes probables qu'il convient d'assigner aux morts survenues subitement dans leurs communes. Dans ce but, ils requerront, s'il y a lieu, le médecin chargé de la constatation des décès à l'effet de leur indiquer d'urgence si la mort doit être attribuée à un suicide, à un accident, ou s'il y a des présomptions de crime; dans ce dernier cas, ils préviendront le juge de paix, en lui faisant connaître les conclusions de l'homme de l'art.

Cette façon de procéder n'est évidemment applicable que s'il y a doute sur les causes qui ont déterminé la mort; le plus souvent il ne sera pas nécessaire de recourir à un examen médical avant d'avertir l'autorité judiciaire.....

....

28. Toutes les interventions des médecins ayant un caractère administratif, notamment celles relatives à la constatation et à l'inhumation des cadavres trouvés sur le territoire des communes, sont à la charge de ces communes, sauf leur recours contre les héritiers. (Décret du 23 prairial an XII, art. 3, § 4, du tarif criminel du 18 juin 1811 ; — Instr. du Garde des sceaux des 3 novembre 1824, 4 mars et 24 novembre 1851, 29 septembre 1868, 6 février 1869, etc.)

De même, les frais de transport en voiture de blessés à leur domicile ou à l'hôpital, ainsi que les pansements et fournitures des pharmaciens sont à la charge des communes.

En résumé, le ministère de la justice ne supporte, aux termes de l'article 3, n° 12, du décret de 1811, que les dépenses occasionnées par la recherche, la poursuite et la punition des crimes, délits ou contraventions.

29. Nous terminerons ce chapitre en indiquant que les interventions médicales en matière d'accident de travail ne sont pas soumises au tarif du 21 novembre 1893, les frais nécessités par les constatations de décès, soins à donner aux blessés, ainsi que leur transport à domicile ou à l'hôpital incombent aux chefs d'industries assujettis au régime des lois sur les accidents du travail.

CHAPITRE III

RÉQUISITIONS A LA GENDARMERIE

1. Les commissaires de police requièrent la gendarmerie en vertu de l'article 95 du décret du 20 mai 1903, sur le service de la gendarmerie, ainsi conçu :

Art. 95. Les commissaires de police et les commissaires spéciaux de police, dans l'exercice de leurs fonctions, peuvent requérir la gendarmerie, en se conformant aux dispositions des articles 67 et suivants du présent décret.

Ci-après l'article 67 :

Art. 67. L'action des autorités civiles, administratives et judiciaires sur la gendarmerie ne peut s'exercer que par des réquisitions, en ce qui concerne son emploi, c'est-à-dire quand il s'agit, soit d'exécuter un service déterminé ne rentrant pas expressément dans ses attributions (transport de pièces, communications urgentes, etc.), soit d'aller assurer le maintien de l'ordre sur des points où il est menacé, soit de prêter main-forte aux diverses autorités. Les militaires de cette arme doivent, dans ce cas, se conformer aux prescriptions de l'article 68 ci-après.

Art. 68. Les réquisitions sont adressées, en principe, au commandant de la gendarmerie de l'arrondissement dans lequel est le lieu où elles doivent recevoir leur exécution. Ce n'est qu'en cas d'urgence qu'elles sont adressées directement à un commandant de brigade.

Elles ne peuvent être données ni exécutées que dans la circonscription administrative ou judiciaire de celui qui les donne et dans la circonscription de gendarmerie de celui qui les exécute.

Art. 69. Dans le cas où une réquisition paraîtrait abusive ou illégale et, soit que son exécution comporte un délai de temps, soit qu'elle puisse être différée sans inconvénient pour en référer à l'autorité militaire supérieure, le chef de brigade demande à l'autorité requérante de s'adresser à l'officier sous les ordres duquel il est placé.

Dans les mêmes circonstances, un commandant d'arrondissement demanderait que la réquisition soit adressée au commandant de la compagnie.

Dans le cas où le commandant de compagnie croirait à un abus ou à une illégalité, et toujours si le temps ou un motif impérieux n'était une cause d'empêchement à surseoir à l'exécution de la réquisition, il en informerait le chef de légion.

Si le chef de légion ne prescrit pas d'obtempérer à la réquisition, toujours dans les mêmes circonstances, il rend compte au commandant du corps d'armée, qui soumet la question au Ministre.

Dans le cas où l'autorité compétente qui a formulé la réquisition déclare formellement, sous sa responsabilité, que son exécution est urgente, il doit être obtempéré immédiatement à cette réquisition.

Art. 70. Les militaires du corps de la gendarmerie qui refusent d'obtempérer aux réquisitions légales de l'autorité civile peuvent être réformés, d'après le compte qui en est rendu au Ministre de la guerre, sans préjudice des peines dont ils sont passibles si, par suite de leur refus, la sécurité publique a été compromise (1).

---

(1) Voir article 234 du Code pénal, p. 71.

Pour la garde républicaine, les réquisitions sont adressées au colonel commandant la légion, qui en rend compte au gouverneur militaire de Paris.

....

Art. 73. Les réquisitions doivent énoncer la loi qui les autorise, le motif, l'ordre, le jugement ou l'acte administratif en vertu duquel elles sont faites.

Art. 74. Les réquisitions sont faites par écrit, signées, datées, et dans la forme ci-après :

RÉPUBLIQUE FRANÇAISE

Au nom du peuple français,

Conformément à la loi........................
en vertu de (1)..............................

Nous, ...
commissaire de police de.....................
....
officier de police judiciaire, auxiliaire de Monsieur le Procureur de la République,

Requérons M. le (2)..........................
....
de...
....
....

Et qu'il nous (3)............................
de ce qui est par nous requis au nom du peuple français.

Fait à............, le .... 19 .

Le Commissaire de police,

---

(1) Loi, arrêté, règlement.
(2) Grade et lieu de résidence.
(3) « Fasse part » si c'est un officier, *ou* « rende compte » si c'est un chef de brigade.

Dans les cas urgents, les autorités administratives et judiciaires peuvent employer exceptionnellement le télégraphe pour requérir la gendarmerie; mais, dans ce cas, il est mentionné, dans la dépêche télégraphique, qu'elle va être immédiatement suivie de l'envoi d'une réquisition écrite, libellée conformément aux termes ci-dessus.

Art. 75. Les réquisitions ne doivent contenir aucun terme impératif, tel que : « Ordonnons, voulons, enjoignons, mandons », etc., ni aucune formule ou expression pouvant porter atteinte à la considération de l'arme et au rang qu'elle occupe parmi les corps de l'armée.

Art. 76. Lorsque la gendarmerie est légalement requise pour assister l'autorité civile dans l'exécution d'un acte ou d'une mesure quelconque, elle ne doit pas être employée *hors de la présence de cette autorité*, et elle ne doit l'être que pour assurer l'effet de la réquisition et faire cesser, au besoin, les obstacles et empêchements.

Art. 91. Lorsque la tranquillité publique est menacée, les officiers ou chefs de brigade de gendarmerie ne sont point appelés à discuter l'opportunité des réquisitions que les autorités administratives compétentes croient devoir formuler pour assurer le maintien de l'ordre; mais il est de leur devoir de désigner les points qui ne peuvent être dégarnis sans danger et de communiquer à ces fonctionnaires tous les renseignements convenables, tant sur la force effective des brigades et leur formation en détachements, que sur les moyens de suppléer au service de ces brigades pendant leur absence.

Art. 92. Lorsque les autorités administratives ont adressé leurs réquisitions aux commandants de la gendarmerie, conformément à la loi, elles ne peuvent s'immiscer en aucune manière dans les opérations militaires ordonnées par ces officiers pour l'exécution desdites réquisitions. Les commandants de la force publique sont dès lors seuls chargés de la responsabilité des mesures qu'ils ont cru devoir prendre, et l'autorité civile qui a requis ne peut exiger d'eux que le rapport de ce qui aura été fait en conséquence de sa réquisition.

2. Aux termes du décret du 20 mai 1903, sur le service de la gendarmerie, les commissaires de police ont le droit de requérir directement la gendarmerie, et, en principe, ils doivent s'adresser au commandant de la gendarmerie de l'arrondissement dans lequel est le lieu où doit être exécutée la réquisition.

La réquisition doit être formulée par écrit.

Toutefois, en cas d'urgence, un officier de police judiciaire témoin d'un crime ou d'un délit, ou informant en cette occasion, peut requérir directement un membre de la gendarmerie présent, et celui-ci doit déférer à la réquisition *directe*, même *verbale*, qui lui est adressée, sauf à en rendre compte à ses chefs dès qu'il aura accompli le service qui lui est réclamé. (Cochet de Savigny et Pérève, *Dictionnaire de la Gendarmerie*.)

CHAPITRE IV

RÉQUISITIONS A L'ARMÉE

Instruction des Ministres de l'Intérieur et de la Guerre sur les réquisitions à l'autorité militaire pour le maintien de l'ordre.

(20 août 1907.)

I. — Principes généraux

Art. 1er. Le maintien de l'ordre sur le territoire de la République incombe à l'autorité civile.

Il est assuré par la police, la gendarmerie et, subsidiairement, par les troupes de ligne (1).

L'autorité militaire ne peut agir qu'en vertu d'une réquisition de l'autorité civile (2).

II. — Autorités civiles qui peuvent exercer le droit de réquisition

Art. 2. Les autorités civiles qui sont en droit de faire des réquisitions de troupes de ligne sont :

Les préfets, les sous-préfets, les maires, les adjoints aux maires, les procureurs généraux près les cours

---

(1) Ces mots, dans le sens de la loi du 26 juillet - 3 août 1791, d'où ils sont extraits, s'entendent des troupes de toutes armes.

(2) Art. 20 de la loi du 26 juillet - 3 août 1791.

d'appel, les procureurs de la République près les tribunaux de 1re instance et leurs substituts, les présidents de cours ou de tribunaux, les juges d'instruction, les juges de paix et les commissaires de police (1).

Art. 3. Les pouvoirs conférés par l'article précédent aux magistrats de l'ordre judiciaire civil s'appliquent aux magistrats de la justice militaire, présidents des conseils de guerre, commissaires du gouvernement, rapporteurs et officiers de police judiciaire dans l'exercice de leurs fonctions.

Dans les cas urgents, les officiers et commandants de brigade de gendarmerie peuvent requérir directement l'assistance de la troupe, qui est tenue de leur prêter main-forte.

Art. 4. Les présidents du Sénat et de la Chambre des députés ont, au point de vue des réquisitions, des droits spéciaux résultant de l'article 5 de la loi du 22 juillet 1879, ainsi conçu :

« Les présidents du Sénat et de la Chambre des députés sont chargés de veiller à la sûreté intérieure et extérieure de l'assemblée qu'ils président.

» A cet effet, ils ont le droit de requérir la force armée et toutes les autorités dont ils jugent le concours nécessaire.

» Les réquisitions peuvent être adressées directement à tous les officiers, commandants ou fonctionnaires, qui sont tenus d'y obtempérer immédiatement sous les peines portées par les lois.

» Les présidents du Sénat et de la Chambre des députés peuvent déléguer leur droit de réquisition aux questeurs ou à l'un d'eux. »

---

(1) Art. 64 du décret du 4 octobre 1891, portant règlement sur le service des places de guerre.

(Le décret du 7 octobre 1909 remplace aujourd'hui le décret du 4 octobre 1891 sur le service de place.)

Art. 5. Les réquisitions ne peuvent être données et exécutées que dans la circonscription de celui qui les donne et de celui qui les exécute.

Art. 6. Quand l'autorité militaire ne peut satisfaire à la fois aux réquisitions de plusieurs autorités civiles, elle obéit à celle qui émane de l'autorité hiérarchiquement la plus élevée. Si ces autorités sont de même rang, elle obéit à la réquisition qui lui paraît présenter le plus grand caractère d'urgence.

III. — Autorités militaires susceptibles d'être réquises

Art. 7. Ces autorités sont :

Les chefs de poste et les commandants des gardes, piquets et patrouilles, dans les cas et conditions prévus par les articles 63 et 64 du décret du 4 octobre 1891 (1);

Les commandants d'armes, lorsque les troupes doivent agir sur place ou être employées dans un rayon maximum de 10 kilomètres de leur garnison;

Les généraux de brigade et de division commandant les subdivisions de région;

Les généraux commandant les régions ou les gouvernements militaires de Paris et de Lyon,

Et, dans les cas d'urgence, tous autres commandants de la force publique.

IV. — Préliminaires de la réquisition

Art. 8. L'autorité civile est seule juge du moment où la force armée doit être requise.

Toutefois, elle a le devoir, sauf impossibilité absolue, dès que la tranquillité publique se trouve mena-

---

(1) Règlement sur le service des places de guerre (aujourd'hui le décret du 7 octobre 1909).

cée, d'aviser de la situation, verbalement ou par écrit, par télégraphe ou téléphone, l'autorité militaire susceptible d'être requise, de la tenir au courant des phases diverses que présentent les événements, et de lui fournir tous les éléments d'appréciation utiles pour que le secours qui sera requis puisse arriver en temps opportun et dans les conditions jugées nécessaires par l'autorité requérante.

Art. 9. L'autorité militaire, à son tour, prépare les mesures d'exécution qui sont la conséquence de ces communications en signalant, s'il y a lieu, à l'autorité requérante les difficultés d'ordre matériel qui paraîtraient s'opposer à la réalisation complète de ces mesures.

Art. 10. Afin d'éviter tout retard ou confusion, l'autorité civile ne fait connaître ses besoins qu'aux autorités militaires dénommées dans l'article 7. Elle ne doit s'adresser au Ministre de la guerre ni directement ni par l'entremise du Ministre de l'intérieur.

Art. 11. Lorsque les autorités civiles et militaires jugent à propos de se réunir pour se concerter et qu'elles ne sont pas d'accord sur le lieu de la réunion, elles se rencontrent de droit à la mairie si la réquisition émane d'un magistrat municipal et, dans les autres cas, chez celui des représentants de l'une ou de l'autre autorité dont le rang est le plus élevé dans l'ordre des préséances.

V. — Forme et envoi de la réquisition

Art. 12. Toute réquisition doit, sous peine d'être annulée, être faite par écrit, datée et signée, et rédigée dans la forme ci-après :

Au nom du peuple français.

Nous ...., requérons en vertu de la loi, M................. ...., commandant...............

de prêter le secours des troupes de ligne nécessaire pour.................. (*indiquer d'une façon claire et précise l'objet de la réquisition et l'étendue de la zone dans laquelle la surveillance doit être exercée*).

Et, pour la garantie dudit commandant, nous apposons notre signature (1).

Fait à.............., le.............. 19...

(Signature.)

Art. 13. Si la réquisition établie dans la forme cidessus n'est pas remise en mains propres au représentant de l'autorité requise, elle peut lui être adressée sous pli postal ou par télégramme officiel.

Sous quelque forme qu'elle soit reçue, elle est exécutoire dès sa réception. Toutefois, lorsqu'elle est adressée par voie télégraphique, elle doit être suivie d'une confirmation écrite par le plus prochain courrier.

Le chef militaire qui, avant d'avoir reçu confirmation, procède à l'exécution de la réquisition, est couvert par la présente instruction, qui lui tiendra lieu d'ordre écrit.

Art. 14. Indépendamment de la remise ou de l'envoi de la réquisition, l'autorité requérante peut adresser à l'autorité requise une communication écrite, télégraphique ou verbale, lui faisant connaître ses appréciations personnelles sur les dispositions à prendre, notamment sur les points suivants :

Moment le plus favorable pour l'arrivée des troupes;
Points à occuper;
Modes d'accès de la troupe à ces points;
Conduite générale à tenir par la troupe à l'arrivée;
Effectifs et nature des troupes à employer.

---

(1) Art. 22 de la loi des 26 juillet - 3 août 1791.

VI. — Obligations respectives de l'autorité requérante et de l'autorité requise

Art. 15. L'autorité requise fait connaître d'urgence et par la voie la plus rapide, à l'autorité requérante, la date et l'heure auxquelles lui sera parvenu soit l'écrit, soit le télégramme qui aura porté la réquisition à sa connaissance.

Art. 16. Si la réquisition n'est pas faite dans les conditions indiquées aux articles 12 et 13, l'autorité militaire signale, par les voies les plus rapides, à l'autorité civile, l'irrégularité qu'elle contient et lui notifie l'impossibilité dans laquelle elle se trouve d'y obtempérer en l'état.

Art. 17. Si la réquisition est régulière en la forme, l'autorité militaire en assure l'exécution sans en discuter l'objet ni la teneur (1). Elle procède à cette exécution sans en référer à l'autorité qui lui est hiérarchiquement supérieure et immédiatement après réception de l'écrit ou du télégramme qui constate la réquisition.

Art. 18. Tant que dure l'effet de la réquisition, l'autorité militaire reste seule juge des moyens de son exécution (2).

Il lui appartient notamment de fixer définitivement les effectifs et la nature des troupes à employer. Elle les détermine en tenant compte des ressources dont elle peut disposer dans l'étendue de son commandement et dans celle de la zone de renforcement qui lui est attribuée par le ministère de la guerre.

Art. 19. Toutefois, l'autorité militaire, en vue de

---

(1) Art. 9 du titre III de la loi du 8 - 10 juillet 1791.

(2) Art. 17 du titre III de la loi du 8 - 10 juillet 1791, et art. 23 de la loi du 26 juillet - 3 août 1791.

maintenir la continuité de son entente avec l'autorité civile, assure l'exécution de la réquisition dans les conditions suivantes :

Au cours de la période de préparation, elle tient le plus grand compte possible des avis qui ont pu lui être donnés par l'autorité civile dans la communication mentionnée à l'article 14.

Au cours de la période d'exécution, elle doit, à moins de cas de force majeure, consulter l'autorité civile sur la convenance et l'opportunité des moyens d'action qu'elle se propose d'employer (1).

Art. 20. De son côté, l'autorité civile doit transmettre à l'autorité militaire toutes les informations de nature à l'intéresser et à se tenir constamment prête à répondre aux demandes d'avis qui peuvent lui être adressées.

Art. 21. Les représentants des autorités civile et militaire, sur l'initiative de l'un d'eux, ont toujours la faculté de se réunir en vue de délibérer sur les difficultés qui peuvent se présenter en cours d'exécution (2).

D'une façon générale, il leur est expressément recommandé de se pénétrer constamment de cette pensée qu'ils ont pour devoir supérieur de s'unir et de s'aider en vue d'assurer le maintien de l'ordre public, et ne s'inspirer que des intérêts généraux dont la charge leur est confiée.

Art. 22. Dans tous les cas, soit que des circonstances imprévues viennent à modifier l'état primitif de la réquisition, soit qu'un désaccord vienne à se produire sur son interprétation et sa portée, l'autorité requérante peut toujours substituer une réquisition nouvelle à la réquisition primitive.

---

(1) Art. 9 et 16 du titre III de la loi du 8 - 10 juillet 1791.
(2) Art. 16 du titre III de la loi du 8 - 10 juillet 1791.

VII. — De l'usage des armes

Art. 23. Conformément à l'article 25 de la loi du 3 août 1791, les troupes requises font usage de leurs armes dans les cas suivants :

1° Si des violences ou des voies de fait sont exercées contre elles;

2° Si elles ne peuvent défendre autrement le terrain qu'elles occupent ou les postes dont elles sont chargées.

Dans tous les autres cas, elles ne peuvent agir que sur la réquisition de l'autorité civile.

En cas d'attroupements sur la voie publique, s'il n'y a pas d'officier civil sur les lieux, le commandant de la troupe doit aviser immédiatement l'officier civil le plus voisin, et l'on procède ensuite conformément à l'article 3 de la loi du 7 juin 1848, lequel est ainsi conçu :

Lorsqu'un attroupement armé ou non armé se sera formé sur la voie publique, le maire ou l'un de ses adjoints, à leur défaut le commissaire de police ou tout autre agent ou dépositaire de la force publique et du pouvoir exécutif, portant l'écharpe tricolore, se rendra sur le lieu de l'attroupement.

Un roulement de tambour (1) annoncera l'arrivée du magistrat.

Si l'attroupement est armé, le magistrat lui fera sommation de se dissoudre et de se retirer.

---

(1) Si la troupe n'a pas de tambour, le roulement de tambour peut être remplacé par une sonnerie de « Garde à vous ».

Cette première sommation restant sans effet, une seconde sommation, précédée d'un roulement de tambour (1), sera faite par le magistrat.

En cas de résistance, l'attroupement sera dissipé par la force.

Si l'attroupement est sans armes, le magistrat, après le premier roulement de tambour (1), exhortera les citoyens à se disperser. S'ils ne se retirent pas, trois sommations seront successivement faites.

En cas de résistance, l'attroupement sera dissipé par la force.

Mais si la force armée en présence de l'attroupement se trouve dans l'un des deux cas prévus par le présent article, elle fera usage de ses armes, encore bien que les formes prescrites par l'article 3 de la loi du 7 juin 1848 n'aient pu être observées.

Néanmoins, le commandant de la troupe, lorsque la soudaineté de l'attaque ne lui en enlèvera pas les moyens, devra avertir les assaillants, soit par un ou plusieurs roulements de tambour, soit par une ou plusieurs sonneries de « garde à vous », soit par des avis, répétés à haute voix, que l'emploi des armes va être ordonné.

Avant d'agir, il laissera s'écouler autant de temps que le permettra la sécurité de sa troupe ou la conservation des postes confiés à son honneur militaire. (Art. 71 du décret du 7 octobre 1909, sur le service de place.)

---

(1) Si la troupe n'a pas de tambour, le roulement de tambour peut être remplacé par une sonnerie de « garde à vous ».

VIII. — Fin de la réquisition

Art. 24. Le concours des troupes ne prend fin que lorsque l'autorité requérante a notifié à l'autorité requise, par écrit ou par télégramme officiel, la levée de sa réquisition.

Lorsque sa mission est ainsi terminée, le commandant des troupes accuse réception à l'autorité requérante de la levée de sa réquisition et informe ses chefs hiérarchiques.

IX. — Sanctions

Art. 25. Les responsabilités des autorités des divers ordres dans les réquisitions sont définies par les articles suivants du Code pénal :

« A) *Dispositions applicables aux autorités civiles qui adressent la réquisition.*

» *Art. 114.* Lorsqu'un fonctionnaire public, un agent ou un préposé du gouvernement aura ordonné ou fait quelque acte arbitraire ou attentatoire, soit à la liberté individuelle, soit aux droits civiques d'un ou de plusieurs citoyens, soit à la charte, il sera condamné à la dégradation civique.

» Si, néanmoins, il justifie qu'il a agi par ordre de ses supérieurs pour des objets du ressort de ceux-ci, sur lesquels il leur était dû obéissance hiérarchique, il sera exempt de la peine, laquelle sera, dans ce cas, appliquée seulement aux supérieurs qui auront donné l'ordre.

» *Art. 188.* — Tout fonctionnaire public, agent ou préposé du gouvernement, de quelque état et grade qu'il soit, qui aura requis ou ordonné, fait requérir ou ordonner l'action ou l'emploi de la force publique contre l'exécution d'une loi ou contre la perception d'une contribution légale, ou contre l'exécution, soit d'une ordonnance ou mandat de justice, soit de tout ordre émané de l'autorité légitime, sera puni de la réclusion.

» *Art. 189.* Si cette réquisition ou cet ordre ont été suivis de leur effet, la peine sera le maximum de la réclusion.

» *Art. 190.* Les peines énoncées aux articles 188 et 189 ne cesseront d'être applicables aux fonctionnaires ou préposés qui auraient agi par ordre de leurs supérieurs qu'autant que cet ordre aura été donné par ceux-ci pour des objets de leur ressort, et sur lesquels il leur est dû obéissance hiérarchique; dans ce cas, les peines portées ci-dessus ne seront appliquées qu'aux supérieurs qui, les premiers, auront donné cet ordre.

» *Art. 191.* Si, par suite desdits ordres ou réquisitions, il survient d'autres crimes punissables de peines plus fortes que celles exprimées aux articles 188 et 189, ces peines plus fortes seront appliquées aux fonctionnaires, agents ou préposés coupables d'avoir donné lesdits ordres ou fait lesdites réquisitions.

» B) *Dispositions applicables aux autorités militaires qui assurent l'exécution de la réquisition.*

» *Art. 234.* Tout commandant, tout officier ou sous-officier de la force publique qui, après en avoir été légalement requis par l'autorité civile, aura refusé de faire agir la force sous ses ordres, sera puni d'un emprisonnement d'un mois à trois mois, sans préjudice des réparations civiles qui pourraient être dues aux termes de l'article 10 du présent Code. »

L'article 234 du Code pénal s'applique aux autorités militaires qui ont été saisies directement d'une réquisition.

Quant à celles qui ont reçu d'une autorité militaire supérieure des ordres relatifs à l'exécution d'une réquisition et qui ne se sont pas conformées à ces ordres, elles sont passibles de l'article 218 du Code de justice militaire.

X. — Réquisitions individuelles

Art. 26. En vertu de l'article 106 du Code d'instruction criminelle, tout dépositaire de la force publique, et par conséquent tout militaire, est en état de réquisition légale et permanente, sans qu'il soit besoin d'une réquisition écrite de l'autorité civile, lorsqu'en cas de crimes ou de délits flagrants, il s'agit de s'assurer de la personne du prévenu.

En conséquence, et conformément à l'article 168 du décret du 4 octobre 1891 (1), tout militaire en uniforme doit prêter spontanément main-forte, même au péril de sa vie, à la gendarmerie, ainsi qu'aux autres agents de l'autorité, lorsque ceux-ci sont en uniforme ou revêtus de leurs insignes.

En outre, s'il n'y a pas d'officier de police présent sur les lieux, tout militaire doit se saisir du malfaiteur et le remettre à la gendarmerie ou à l'autorité de police la plus voisine.

XI. — Dispositions générales

Art. 27. Sont abrogées toutes les instructions et circulaires contraires à la présente instruction, notamment l'instruction du 24 juin 1903, sauf les articles 16 à 19 de cette dernière instruction (2).

---

(1) Aujourd'hui, article 73 du décret du 7 octobre 1909, sur le service de place.

(2) *Recommandations spéciales.*

Art. 16. Conformément à l'article 18 du décret du 4 octobre 1891, des instructions écrites, préparées par les commandants d'armes et approuvées par le commandant de la région, doivent être données à l'avance, dans chaque place, en prévision des réquisitions de l'autorité civile pour le cas de troubles intérieurs.

Des plans d'ensemble peuvent être aussi préparés par les commandants des régions, avec l'approbation du Ministre, ou peuvent être prescrits par le Ministre de la guerre, s'il y a lieu, après accord avec les autres Ministres intéressés, en vue de certaines éventualités d'un caractère général ou d'une gravité particulière.

Art. 17. En dehors des cas où la réquisition peut être exécutée par la simple mise en jeu des mesures préparées à l'avance, l'autorité militaire, saisie d'une réquisition, doit choisir les troupes à y employer parmi celles qui conviennent le mieux à son objet.

S'il s'agit d'une émeute, il sera généralement préférable de faire intervenir la cavalerie et l'on devra, tout au moins, faire appuyer l'infanterie par quelques troupes à cheval (cavalerie, gendarmerie, ou, à défaut, artillerie).

S'il y a des obstacles matériels à briser, des ouvriers d'art des corps ou des détachements du génie ou d'artillerie seront adjoints aux troupes; même dans certains cas, des soldats sans fusil, mais néanmoins toujours munis de leur épée-baïonnette, pourront être commandés pour marcher en seconde ligne.

On évitera toujours de placer de faibles effectifs en présence d'agglomérations nombreuses.

Toute troupe appelée à marcher pour une réquisition doit être pourvue d'un tambour ou d'un clairon; les cartouches sont emportées, à moins d'ordre contraire donné par l'autorité militaire qui a reçu la réquisition.

Art. 18. En principe, tout détachement de troupe, désigné pour l'exécution d'une réquisition, doit être commandé par un officier.

Tout officier commandé pour ce service doit, aux qualités d'énergie et de sang-froid indispensables à l'emploi d'une troupe dans ces circonstances délicates, joindre le tact nécessaire dans les rapports avec les autorités civiles; il doit veiller avec soin à ce qu'il ne soit porté aucune atteinte à la dignité en même temps qu'au prestige de la force armée dont il a la direction.

Art. 19. Dans l'exécution des réquisitions, les troupes requises doivent avoir pour règle de se cantonner exactement dans le mandat tracé par la réquisition et d'agir ouvertement, comme il convient à leur caractère.

Le commandant des troupes doit éviter, autant que possible, tout contact des troupes avec la population.

Il ne doit accepter que des cantonnements suffisamment resserrés et à l'abri d'une surprise. Il doit interdire aux militaires de tout grade l'entrée des lieux publics fréquentés par les perturbateurs ou les manifestants, ainsi que toute acceptation d'invitation chez les habitants.

Lorsqu'un conflit est à prévoir, il est indispensable qu'un représentant de l'autorité civile se trouve avec la troupe pour procéder aux arrestations et pour faire, s'il y a lieu, les sommations prescrites par la loi.

A défaut de représentants de l'autorité civile, les troupes doivent être assistées de la gendarmerie, pour que celle-ci procède aux arrestations; mais la gendarmerie n'ayant pas qualité pour faire, le cas échéant, les sommations légales, le commandant de la troupe ne doit pas appliquer l'article 3 de la loi du 7 juin 1848, sans la présence d'un magistrat civil.

ANNEXES

1. Circulaire pour l'application de l'instruction du 20 août 1907 relative à la participation de l'armée au maintien de l'ordre public.

Paris, le 31 août 1907.

Le Ministre de la guerre à MM. les Gouverneurs militaires de Paris et de Lyon; les Généraux commandant les corps d'armée de 1 à 18 et 20.

Une instruction, en date du 20 août 1907, sur la participation de l'armée au maintien de l'ordre public, sanctionnée par les Ministres de l'intérieur, de la justice et de la guerre, est insérée au *Journal Officiel* de ce jour.

Cette instruction, qui abroge les prescriptions antérieures en la matière, et notamment l'instruction du 24 juin 1903, réglera désormais les rapports entre les autorités civiles et militaires, pour tout ce qui concerne les réquisitions de la force armée.

J'ai l'honneur d'appeler tout particulièrement votre attention sur les articles 1, 8, 9, 13, 14, 16, 17, 18, 19, 21, 22 et 24 de l'instruction précitée.

*Art. 1er*. — Cet article pose le principe de la responsabilité de l'autorité civile en ce qui concerne le maintien de l'ordre et de l'exécution des lois.

L'autorité civile, et plus particulièrement l'autorité administrative, en contact permanent avec les populations et leurs mandataires élus, connaissant leurs tendances, tenue au courant de leur état d'esprit, jugeant sur place des nécessités d'une situation, est nettement qualifiée pour déterminer, soit de sa propre initiative, soit d'après les instructions du Ministre de l'intérieur, les moyens les plus convenables à employer pour garantir la sécurité des citoyens et assurer le respect des lois.

Comme conséquence, cette autorité doit pouvoir non seulement user des droits que lui confèrent les lois des 10 juillet et 3 août 1791 en matière de réquisition de la force armée, mais il doit lui être possible d'intervenir par une entente étroite avec l'autorité militaire et, au besoin, par l'usage de réquisitions nouvelles dans la direction générale à donner à cette force, afin de faire converger les efforts de tous vers le but qu'elle a mission de remplir.

Telle est la pensée directrice de l'instruction du 20 août 1907.

Art. 8 et 9. Dès que des troubles éclatent dans une localité ou dans une région, l'autorité civile doit se mettre en communication avec l'autorité militaire et la tenir au courant de la situation. De son côté, l'autorité militaire doit ne pas hésiter à provoquer elle-même cet échange de vues, afin d'être toujours prête à tout événement. Le concours absolu que doivent se prêter les deux autorités est la condition nécessaire de la rapidité d'exécution d'une réquisition.

Art. 13. L'instruction innove, en matière d'envoi de réquisition sous forme télégraphique exécutoire, sans attendre la confirmation écrite.

Art. 14. L'exposé des appréciations personnelles de l'autorité requérante sur les dispositions à prendre, qui peut être joint à la réquisition, est également une amélioration apportée aux errements anciens, et apparaît comme une conséquence de la responsabilité de l'autorité civile.

Art. 16. La réception d'une réquisition irrégulière ne doit pas empêcher l'autorité militaire de préparer l'exécution de cette réquisition ; mais elle ne l'exécute que lorsque l'autorité civile, informée de l'irrégularité, a fait disparaître cette dernière.

Art. 17. Les autorités visées à l'article 7 ne doivent pas perdre de vue qu'elles ont une responsabilité personnelle ; elles doivent, par suite, exécuter les réquisitions qu'elles reçoivent, dans la limite de leurs attributions propres, sans se croire tenues d'en référer à leurs supérieurs hiérarchiques pour obtenir une autorisation d'exécution.

Art. 18. La question de la fixation des effectifs à employer au maintien de l'ordre est une prérogative exclusive de l'autorité militaire. En raison des difficultés de l'instruction et des obligations de tous ordres auxquels l'armée a à satisfaire, il y a lieu d'examiner avec soin, dans chaque cas particulier, les moyens les plus convenables à employer pour n'utiliser la troupe qu'avec la plus grande parcimonie.

Les appréciations de l'autorité requérante, aussi bien sur les armes à employer que sur les effectifs, ne sauraient engager en rien l'autorité requise. C'est surtout par une habile disposition des forces, par l'emploi des réserves, par un service de renseignements bien fait et par des communications rapides entre les différents points du territoire troublé, permettant de porter son effort tantôt d'un côté, tantôt de l'autre, qu'on arrivera, la plupart du temps, à éviter des agglomérations de troupes hors de proportion avec le but à atteindre.

Les autorités militaires ne devront pas oublier qu'en raison de l'intérêt général de l'armée, elles ne disposeront, en principe, que des troupes sous leurs ordres et de celles que je pourrai mettre à leur disposition à titre de renforcement, dans les conditions que je vous ferai connaître ultérieurement.

Art. 19. Dans la période de préparation qui s'étend entre le moment où les troubles éclatent et celui où la troupe quitte la caserne ou la garnison après réquisition, l'autorité requise doit donner aux appréciations de l'autorité civile, formulées en vertu de l'article 14, une satisfaction d'autant plus complète que cette autorité, étant sur les lieux, est plus à même qu'elle de se rendre compte des premiers besoins à satisfaire.

Si l'autorité requérante ne joint pas à la réquisition l'exposé de ses appréciations, l'autorité militaire doit en provoquer l'envoi et agir au besoin sous sa responsabilité en s'inspirant des circonstances et du but à atteindre.

Dans la période d'exécution, qui comprend tout le temps où la troupe se trouve sur le territoire troublé, le concours entre les autorités civiles et militaires doit être plus étroit que jamais. La troupe ne doit jamais être mise à la disposition de l'autorité civile ; mais son action doit être concertée entre le commandant des troupes et l'autorité civile ou ses représentants, par la raison qu'ils doivent souvent être subordonnés à l'état d'esprit des populations ou à certaines autres considérations que l'autorité civile est plus à même d'apprécier, considérations qui découleront souvent de ses renseignements personnels ou des ordres ou directions qu'elle recevra du gouvernement.

Art. 21. Je ne saurais trop insister sur les prescriptions de cet article. Il faut qu'à tous les degrés de la hiérarchie chacun s'inspire du but à atteindre et qu'il y contribue de toutes ses forces en mettant de côté toute question d'amour-propre, qui ne saurait trouver place dans l'exécution d'un devoir souvent pénible à remplir pour tous.

Art. 22. Cet article est la conséquence des principes posés par l'article 1er. Il rappelle l'exercice du droit que l'autorité civile tient de la loi de 1791 et permet ainsi à l'autorité militaire, quelle qu'elle soit, couverte par une réquisition nette et précise visant un objet déterminé, de dégager sa responsabilité.

Art. 24. Lorsque l'autorité civile a levé la réquisition, il appartient à l'autorité militaire exclusivement d'assurer la dislocation des troupes réunies pour le maintien de l'ordre, dans les conditions déterminées par les règlements en vigueur.

J'attache le plus grand prix à ce que l'instruction du 20 août 1907 et les indications qui précèdent, qui sont de nature à en préciser la portée, soient connues des officiers à tous les degrés de la hiérarchie.

Les généraux et chefs de corps devront s'assurer de l'exécution de cette prescription, à laquelle vous voudrez bien veiller personnellement.

Signé : G. Picquart.

---

2. Annexe à la circulaire du 31 août 1907 pour l'application de l'instruction du 20 août 1907, relative à la participation de l'armée au maintien de l'ordre public.

MINISTÈRE DES TRAVAUX PUBLICS, DES POSTES ET DES TÉLÉGRAPHES

Arrêté ministériel du 20 juillet 1907. — Addition à l'état général des franchises télégraphiques.

MINISTÈRE DE L'INTÉRIEUR (DIRECTION DE LA SÛRETÉ GÉNÉRALE)

Ajouter les indications ci-après :

Participation de l'armée au maintien de l'ordre public :

Préfets, sous-préfets, maires, adjoints au maire, procureurs généraux, procureurs de la République et leurs substituts, présidents de cours et tribunaux, juges d'instruction, juges de paix, commissaires de police.

Commandant d'armes des villes de garnison, généraux de brigade et de division commandant les subdivisions de région, généraux commandant les corps d'armée, gouverneurs militaires de Paris et de Lyon, chefs de poste, commandants de gardes, commandants de force publique.

Franchise réciproque relative aux communications ayant pour objet la participation de l'armée au maintien de l'ordre et à l'exécution des lois.

3. Le magistrat chargé de dissoudre un attroupement prononcera, après chaque roulement de tambour ou sonnerie de clairon, les paroles suivantes : « Obéissance à la loi ; on va faire usage de la force armée ; que les bons citoyens se retirent. » (Art. 26 de la loi du 26 juillet-3 août 1791.)

4. Un roulement de tambour (ou sonnerie de clairon) doit annoncer l'arrivée du magistrat, à peine de nullité des sommations. (Cass., 3 mai 1834 ; — Pau, 28 juillet 1869.)

5. Indépendamment du sang-froid et du tact nécessaires que le magistrat doit posséder dans ces circonstances difficiles et délicates, il doit être, en outre, ceint de son écharpe. (Cass., 3 mai 1834, précité.)

Le magistrat doit être ceint de son écharpe, quel que soit l'uniforme dont il peut être revêtu. (Cass., 4 décembre 1903.)

6. Les dépositaires de la force publique pourraient

dissoudre l'attroupement par la force, avant que les sommations eussent été faites :

1° Si des violences étaient exercées contre eux-mêmes, c'est-à-dire en état de légitime défense ;

2° S'ils ne pouvaient défendre autrement le terrain par eux occupés ou les postes à eux confiés. (Art. 25 de la loi précitée.)

(A comparer avec les §§ 1 et 2 de l'article 71 du décret du 7 octobre 1909 sur le service de place.)

7. Mais, en dehors de ces cas, les dépositaires de la force publique qui en feraient ou laisseraient faire usage par imprudence, avant l'accomplissement des formalités légales, seraient responsables. (Grenoble, 17 avril 1832.)

Et le même arrêt ajoute que le magistrat engage sa responsabilité s'il s'est mis, par son imprudence, dans l'impossibilité de faire les sommations légales, en quittant la force armée après l'avoir requise et conduite en présence d'un attroupement. (FUZIER-HERMANN ; V. *Attroupement.*)

8. La loi ne précise pas le nombre de personnes dont la réunion est nécessaire pour constituer un attroupement. Il y a lieu de se référer au décret des 27 juillet-3 août 1791, et d'exiger une réunion d'au moins quinze personnes.

Tout rassemblement sur la voie publique ne constitue pas un attroupement prohibé. Les attroupements calmes et pacifiques ne sont pas réprimés par la loi de 1848 ; ils pourraient seulement, au cas où ils gêneraient la circulation, constituer une contravention de police.

9. L'attroupement n'est punissable que *s'il est armé*, ou que si, sans être armé, il peut troubler la tranquillité publique. (Cass., 24 novembre 1899 ; — Dalloz, *Dictionnaire pratique de droit*.)

10. Ce sont, en général, les commissaires de police qui sont chargés de faire dissoudre les attroupements ; mais les maires, les adjoints aux maires, les préfets, sous-préfets et tous autres officiers civils chargés de la police judiciaire ont également qualité pour faire les sommations réglementaires. Les officiers de gendarmerie ainsi que les officiers de paix en sont exclus.

11. Il arrive rarement que les commissaires de police ordinaires soient dans la nécessité de requérir la troupe, laquelle est mise généralement à leur disposition par l'autorité civile supérieure, après entente préalable entre cette autorité et l'autorité militaire. Cependant, il peut arriver qu'ils soient obligés d'adresser une réquisition particulière au commandant des troupes les assistant dans la mission qui leur est confiée, pour accomplir certains actes spéciaux qui n'auraient pas été spécifiés dans la réquisition remise à ce commandant par l'autorité civile requérante.

12. Le cas s'est produit pendant les opérations d'inventaires des biens d'églises prévus par la loi du 9 décembre 1905, en mars 1906.

Un chef de bataillon, assistant un commissaire de police pendant les opérations d'inventaire, a refusé de mettre à la disposition de ce fonctionnaire, qui les lui demandait, les hommes nécessaires pour aider à briser une porte d'église, sous prétexte que les instructions contenues dans la réquisition qui lui avait été remise ne mentionnaient qu'un service d'ordre à assurer autour de l'église.

Le commissaire de police dut alors remettre à cet officier supérieur une réquisition rédigée conformément au modèle transcrit page 64, en spécifiant l'opération à exécuter.

Ce n'est qu'ensuite qu'il put achever la mission qui lui avait été confiée.

DEUXIÈME PARTIE

CHAPITRE V

HUISSIERS

ASSISTANCE AUX HUISSIERS

1. Les commissaires de police assistent les huissiers dans l'exécution de certains jugements civils [saisies-exécutions (art. 583 à 625 du Code de proc. civ.) ; saisies-gagerie (art. 819 à 825 du même Code) ; saisies-revendication (art. 826 à 831 du même Code) ; expulsion de locataires, etc. (art. 1728, § 2, 1736, 1748, 1751 et 1752 du Code civil)], lorsque des obstacles sont apportés à l'exécution de la mission de ces officiers ministériels.

2. La formule exécutoire de chaque jugement donne le droit aux huissiers de requérir les agents de la force publique pour les assister dans leurs opérations ; mais, pour ce qui concerne plus spécialement l'ouverture des portes du domicile des citoyens, la réquisition aux commissaires de police, etc., est faite conformément à l'article 587 du Code de procédure, ainsi conçu :

3. Art. 587. Si les portes sont fermées, ou si l'ouverture en est refusée, l'huissier pourra établir un gardien aux portes pour empêcher le divertissement ; il se retirera sur-le-champ, sans assignation, devant le juge de paix ou, à son défaut, devant le commissaire de police, et, dans les communes où il n'y en a pas, devant le maire, et, à son défaut, devant l'adjoint, en présence desquels l'ouverture des portes, même celles des meubles meublants, sera faite, au fur et à mesure de la saisie. L'officier qui se transportera ne dressera point de procès-verbal ; mais il signera celui de l'huissier, lequel ne pourra dresser du tout qu'un seul et même procès-verbal.

4. Aux termes de l'article 1037 du Code de procédure civile, les huissiers ne peuvent faire ni signification, ni exécution, depuis le 1er octobre jusqu'au 31 mars, avant 6 heures du matin et après 6 heures du soir, et, depuis le 1er avril jusqu'au 30 septembre, avant 4 heures du matin et après 9 heures du soir, non plus que les jours de fête légale, si ce n'est en vertu de permission du juge dans le cas où il y aurait péril en la demeure (art. 63, 808 et 828 du même Code).

5. Les jours fériés sont, actuellement, les dimanches, l'Ascension, l'Assomption, la Toussaint, Noël, les lundis de Pâques et de la Pentecôte, le 1er janvier et le 14 juillet.

Le dimanche qui, en matière de procédure civile, est un jour férié, n'est pas un jour de fête reconnu par la loi. (Décis. du Ministre du Commerce ; — Chambre des députés, séance du 5 février 1891 ; LE POITTEVIN, *Dictionnaire de la simple police*, t. II, p. 1091.)

6. L'assistance aux huissiers est rémunérée selon des indications des articles 31 et 32 du tarif du Code de procédure civile, du 16 février 1807, ci-après :

Art. 32. Vacation du commissaire de police qui aura été requis pour être présent à l'ouverture des portes et des meubles fermant à clef, ou aux maires et adjoints, si ces derniers le requièrent (art. 587 du Code de proc. civ.) :

Paris.	5 »
Dans les villes où il y a un tribunal de 1re instance.	3 75
Dans les autres villes et cantons ruraux. . . .	2 50

Cette rémunération est due par vacation de trois heures ou par fraction de trois heures. Chaque vacation de trois heures donne droit à une indemnité. (BOUCHER-D'ARGIS, FUZIER-HERMAN : V. *Saisie-exécution*.)

7. Dans l'exercice de leurs fonctions, les huissiers sont protégés contre les violences, voies de fait et outrages, par les articles 209 et 224 du Code pénal. (Cass., 30 août 1849 ; 30 juin 1832.)

8. La Cour de cassation a décidé que l'assistance du juge de paix — ou tout autre fonctionnaire compétent — à une saisie-exécution, en cas de fermeture des portes du saisi, n'est exigée que par respect pour l'inviolabilité du domicile, mais qu'elle n'est pas nécessaire lorsque l'huissier trouve le domicile du saisi habité et les portes ouvertes ; et cela encore bien que celui-ci ne soit ni présent ni représenté. (Cass., 28 mai 1851.)

9. L'huissier n'est pas tenu de présenter une requête au fonctionnaire dont il réclame l'assistance pour l'ouverture des portes.

Une demande verbale suffit. (CHAUVEAU.)

10. L'huissier n'est pas également obligé de suivre l'ordre du tableau tracé par l'article 587 du Code de procédure civile relativement au fonctionnaire qu'il peut requérir. Ainsi jugé, qu'un adjoint peut être requis dans le cas d'empêchement du maire, encore bien que l'empêchement du juge de paix n'a point été constaté. (Cass., 1er avril 1813.)

11. Jugé également que la parenté du fonctionnaire requis avec l'une des parties ou avec l'huissier ne serait point un obstacle à ce qu'il procédât (Metz, 20 novembre 1818.)

12. Si l'huissier qui trouve les portes fermées s'introduisait sans l'assistance du magistrat compétent, il y aurait nullité de la procédure, et il pourrait se faire poursuivre pour violation de domicile. (Cass., 28 mai 1851, précité.)

13. Le fonctionnaire requis pour l'ouverture des portes doit rester avec l'huissier jusqu'à ce que celui-ci ait achevé la saisie.

L'huissier qui, après le refus d'ouverture des portes intérieures, continue la saisie sans l'assistance du juge de paix, maire ou commissaire de police, commet un abus de pouvoir qui cause un préjudice à la réparation duquel il doit être condamné. (Rennes, 27 août 1835.)

Dans ce cas, il doit en requérir l'ouverture dans la forme prescrite par l'article 587 du Code de procédure civile pour l'ouverture de la porte du domicile. (Art. 591 du Code de proc. civ. ; — CARRÉ et CHAUVEAU.)

14. La jurisprudence est aujourd'hui presque unanime pour décider qu'un huissier ne peut instrumenter la nuit.

15. Indépendamment de leurs fonctions judiciaires, les huissiers peuvent également exercer celles relatives aux porteurs de contraintes ; le décret du 24 avril 1902, pris en exécution des articles 53 de la loi du 13 avril 1898 et 49 de celle du 25 février 1901, ne leur a pas enlevé cette faculté. Cependant on ne peut les obliger à accepter une commission de porteur de contraintes.

Mais ils peuvent être requis d'exercer les actes de leur ministère contre les contribuables en retard envers le Trésor, et ce sont eux qui sont chargés de poursuivre ces derniers par voie de saisie-exécution et vente de leurs meubles, s'il y a lieu, lorsqu'ils n'ont pas obtempéré aux sommations avec frais et commandements qui leur ont été notifiés par les agents des postes.

Dans ce cas, leurs émoluments sont fixés par le décret du 25 avril 1902. (Voir chapitre *Porteurs de contraintes*, p. 100 et 101.)

CHAPITRE VI

PORTEURS DE CONTRAINTES

ASSISTANCE AUX PORTEURS DE CONTRAINTES

1. Les porteurs de contraintes sont les huissiers administratifs des contributions directes.

Créés par le décret des 16 septembre - 2 octobre 1791 (art. 17), en conformité d'un édit de 1581, leur rôle fut défini par l'arrêté du 16 thermidor an VIII et par le règlement général du Ministre des finances du 21 décembre 1839, modifié partiellement en 1859.

Aux termes des articles 18 et 19 de l'arrêté de l'an VIII, il n'y avait que les porteurs de contraintes qui pouvaient remplir les fonctions d'huissier pour le recouvrement des contributions directes.

Le règlement de 1839 attribua aux préfets, seuls, le droit de fixer le nombre de porteurs de contraintes par arrondissement, sur la proposition du trésorier-payeur général, attribution qui avait été tout d'abord déléguée aux sous-préfets par l'article 8 du susdit arrêté.

Les articles 35, 35 *bis* et 35 *ter* du règlement de

1839 permettaient bien également à l'administration de faire appel au concours des huissiers des tribunaux ; mais ces derniers n'étaient pas obligés d'accepter une commission de porteur de contraintes, et on ne pouvait les astreindre à un tarif autre que celui qui était applicable à leurs actes ordinaires. (Avis du Conseil d'Etat du 13 août 1841.) Il en résultait des difficultés et une anomalie choquante envers les contribuables qui étaient traités de deux façons différentes au point de vue des frais, selon qu'ils étaient poursuivis par un huissier ou par un porteur de contraintes.

Pour remédier à cet état de choses, le législateur, qui avait déjà tenté, en 1888, de supprimer les porteurs de contraintes, renouvela, en 1898, cette tentative, afin de supprimer 643 porteurs de contraintes sur 800 en exercice à cette époque, et édicta, à l'article 53 de la loi des finances du 13 avril 1898, que l'administration aurait la faculté d'utiliser le concours des agents des postes pour la notification des sommations avec frais, dans des conditions à déterminer par un règlement d'administration publique.

Cette disposition a été étendue aux commandements par l'article 49 de la loi des finances du 25 février 1901.

Les actes subséquents (saisies, etc.), et qui sont en petit nombre, sont accomplis soit par des huissiers, soit par les porteurs de contraintes maintenus dans les villes de plus de 20.000 habitants et rayonnant dans les communes rurales.

Nous mentionnons (p. 96 et suiv.) les dispositions des susdits articles 53 et 49, ainsi que les conditions générales du règlement d'administration publique du 24 avril 1902 pris pour leur exécution.

2. Les poursuites contre les contribuables en retard ont lieu à la requête du percepteur, seul chargé du recouvrement des contributions directes, en exécution de l'article 8 du règlement du 21 décembre 1839.

Elles ont lieu dans l'ordre ci-après :

1° Sommation avec frais — *papier jaune*. (Loi du 9 février 1877, art. 2 ; — Règlement de 1839, art. 2 et 46.) Une sommation sans frais doit précéder de huit jours la sommation avec frais. (Loi du 15 mai 1818, art. 51.) Cette première sommation n'est pas un acte de poursuite, mais un avertissement ;

2° Commandement. — *Papier bleu ;*

3° Saisie ;

4° Vente.

3. Nous ne nous occuperons que des deux premiers degrés de poursuites.

La sommation avec frais n'est qu'une poursuite administrative. Le commandement est le premier acte judiciaire. Il doit être notifié aux intéressés trois jours francs après la délivrance de la sommation avec frais. Les formalités relatives aux exploits, et déterminées par l'article 68 du Code de procédure civile, doivent être strictement observées, sous peine de nullité. Spécialement, lorsque la copie de l'exploit est remise à toute autre personne que la partie elle-même, elle doit l'être sous enveloppe fermée, et l'agent des poursuites doit apposer sur le pli fermé le cachet de la recette des finances. (Avis sect. fin. du Conseil d'Etat, 16 mai 1899.)

Cette prescription doit être observée à peine de nullité. (Trib. civ. de Tarbes, 11 juillet 1899 ; — DALLOZ.)

Si le contribuable en retard ne se libère pas envers le Trésor trois jours francs après la notification du commandement, la saisie mobilière peut être exercée contre lui.

4. Aucune poursuite donnant lieu à des frais ne peut être exercée dans une commune qu'en vertu d'une contrainte délivrée par le receveur particulier de l'arrondissement, rendue exécutoire par le préfet ou le sous-préfet, et désignant nominativement les contribuables à poursuivre.

Cette contrainte, provoquée par le percepteur qui a fait connaître au receveur particulier les noms des contribuables qui ne se sont pas libérés, malgré les avertissements, est dressée en double expédition, dont l'une reste entre les mains du percepteur et l'autre est remise à l'agent chargé des poursuites. (Règlement de 1839, art. 23 ; — art. 30 de l'arrêté du 16 thermidor an VIII.)

5. Comme nous l'indiquons au commencement de ce chapitre, les porteurs de contraintes, étant les huissiers administratifs des contributions directes, poursuivent en cette qualité les contribuables retardataires qui n'ont pas obtempéré aux avertissements qui leur ont été adressés, et leurs actes de poursuites vont jusqu'à la vente des meubles saisis. Néanmoins ils ne peuvent procéder à cette dernière opération s'il existe un commissaire-priseur dans la commune.

6. Pour ces opérations, les porteurs de contraintes ont le caractère de fonctionnaires publics. Leurs actes font foi des énonciations qu'il est dans leurs attributions de constater, et ils peuvent, comme les huissiers des tribunaux, s'introduire dans le domicile des citoyens auxquels ils sont chargés de signifier des actes, malgré la résistance qu'ils éprouveraient. Paris, 2 août 1833 ; Fuzier-Herman, précité : V. *Porteurs de contraintes.*)

7. Lorsque le porteur de contraintes ne peut exécuter sa mission parce que les portes sont fermées ou que l'ouverture en est refusée, il a le droit d'établir un gardien pour empêcher le divertissement des objets qu'il veut saisir.

Il doit alors requérir un officier de police judi

ciaire compétent pour faire ouvrir les portes, en se conformant aux prescriptions de l'article 587 du Code de procédure civile. (Voir *Huissiers*, p. 84, n° 3 ; — Règlement de 1839, art. 71.)

8. Toutes les formalités imposées aux huissiers ordinaires, concernant la réquisition des officiers de police judiciaire compétents pour les assister dans les saisies, ainsi que les conditions d'accès dans le domicile des citoyens, sont également obligatoires aux porteurs de contraintes lorsqu'un obstacle est apporté à leur mission. (Voir *Huissiers*, p. 84 et suiv.).

9. Dans l'exercice de leurs fonctions, les porteurs de contraintes doivent toujours être porteurs de leur commission et la présenter lorsqu'ils en sont requis. (Art. 22 de l'arrêté du 16 thermidor an VIII.)

10. Cette commission doit indiquer dans quel arrondissement ils ont qualité pour instrumenter. Tout acte de poursuite fait dans un autre arrondissement serait nul. (Durieu.)

11. Les porteurs de contraintes, dans l'exercice de leurs fonctions, sont protégés par les articles 209 et 224 du Code pénal. (Art. 24 de l'arrêté susdit ; — Cass., 8 novembre 1844, etc.)

12. Les vacations dues aux officiers de police judiciaire assistant les porteurs de contraintes sont rémunérées selon les indications de l'article 32 du tarif de 1807. (Voir *Huissiers*, p. 85, n° 6.)

13. Ainsi que nous le mentionnons (p. 91), les agents des postes concourent aujourd'hui, avec les porteurs de contraintes, à la notification des sommations avec frais et commandements aux contribuables en retard envers le Trésor, mais leurs actes s'arrêtent là.

Les saisies et autres opérations sont accomplies par les huissiers des tribunaux, à la requête de l'administration des contributions directes.

14. L'article 53 de la loi du 13 avril 1898, qui autorise l'administration à employer le concours des agents des postes pour la notification des sommations avec frais, est ainsi conçu :

A l'avenir, pour la notification des sommations avec frais concernant les contributions directes, l'administration aura la faculté d'employer le concours des agents des postes dans des conditions à déterminer par un règlement d'administration publique.

15. L'article 49 de la loi du 25 février 1901, concernant la notification des commandements, est ainsi conçu :

Les commandements concernant les contributions directes, les taxes y assimilées, ainsi que les amendes et les condamnations pécuniaires, pourront être notifiés par la poste, dans des formes et conditions à déterminer par un règlement d'administration publique.

Ci-après le règlement d'administration publique du 24 avril 1902, pris pour l'exécution des articles des lois précitées.

16. — Décret du 24 avril 1902.

Art. 1er. Les sommations avec frais, remises pour notification au service des postes, seront accompagnées d'une contrainte établie par circonscription de distribution postale, décernée par le receveur des finances et visée par le sous-préfet.

Elles sont déposées, dûment affranchies, au bureau de poste de la résidence du percepteur ou, à défaut, au bureau de poste le plus voisin ; ce bureau en donne reçu, les met en distribution ou, s'il y a lieu, les fait parvenir au bureau de poste destinataire, suivant le mode adopté pour les imprimés expédiés sous recommandation ; la contrainte y est annexée comme bordereau d'envoi.

Art. 2. Le facteur chargé de la distribution reçoit les sommations accompagnées de la contrainte et frappées, par le service des postes, du timbre portant la date de la distribution ; il remet les sommations soit aux destinataires eux-mêmes, soit aux parents ou serviteurs qu'il trouve dans la demeure des destinataires.

En cas d'absence de la partie, de ses parents ou serviteurs, le facteur remet de suite la sommation à un voisin, qu'il requiert de signer sur la contrainte.

Si ce voisin ne peut ou ne veut signer, le facteur certifie le fait sur la contrainte et remet la sommation, contre décharge, à la mairie. La remise de la sommation avec frais, à la mairie, peut s'effectuer soit dans la même tournée, soit dans une tournée subséquente.

Dans tous les cas où le facteur effectuera le dépôt de la sommation à la mairie, il devra, préalablement à ce dépôt, laisser à la demeure du destinataire, un avis informant la partie des poursuites du percepteur et du dépôt de la sommation à la mairie (1).

Art. 3. Lorsque le débiteur poursuivi par voie de sommation ne demeure pas dans la circonscription de distribution du facteur, ce dernier mentionne sur la contrainte le motif de la non-distribution et l'adresse du contribuable, si elle lui est connue.

Dans le cas où le débiteur demeure dans la circonscription, mais à une adresse autre que celle inscrite sur la contrainte, le facteur relate le fait sur la contrainte et porte, sans aucune autre mention, l'adresse exacte sur la sommation, s'il peut la distribuer le jour même ; sinon il la conserve pour être renvoyée au percepteur.

....

Art. 6. Les commandements à notifier par le service des postes sont conformes aux modèles annexés au présent décret.

Les originaux collectifs sont préparés par le percepteur sur papier non timbré et par circonscription de distribution postale ; ils contiennent, en tête, un tableau faisant ressortir les noms et domiciles des retardataires à poursuivre, le montant des contributions, taxes ou condamnations dont ils sont débiteurs en vertu de titres exécutoires, ainsi que les acomptes payés. En matière de contributions directes et de taxes y assimilées, le receveur des finances décerne, au bas de ce tableau, la contrainte à fin de commandement, et le sous-préfet la rend exécutoire. En matière d'amendes et de condamnations pécuniaires, le receveur des finances appose au bas du tableau l'autorisation de faire notifier les commandements.

Au vu de la contrainte ou, suivant la distinction ci-dessus, de la simple autorisation du receveur des

---

(1) Voir cet avis aux annexes, p. 102.

finances, le percepteur prépare sur papier non timbré les copies de commandements et les remet, avec l'original collectif, au bureau de poste de sa résidence ou, à défaut, au bureau de poste le plus voisin, pour être expédiés suivant la marche tracée à l'article 1er pour les sommations avec frais.

Art. 7. Les formalités prescrites par les articles 2 et 3 pour la notification des sommations avec frais sont applicables à la notification des commandements sous les réserves ci-après :

En l'absence du destinataire, le commandement ne peut être valablement notifié qu'à la mairie et contre décharge.

La signature, sur l'original collectif, du destinataire ou, à défaut de cette signature, la décharge de la mairie est exigée à peine de nullité.

La remise du commandement à la mairie peut s'effectuer soit dans la même tournée, soit dans une tournée subséquente, mais au plus tard dans la journée qui suivra la présentation à domicile.

Lorsque le dépôt du commandement est effectué à la mairie, le facteur ne laisse aucun avis au domicile du destinataire; mais, lorsque l'original est restitué au receveur du bureau de poste de distribution, ce dernier rédige, dans la forme arrêtée par le Ministre des finances, et adresse sous chargement d'office au contribuable, une lettre l'informant du dépôt du commandement à la mairie (1). Cette lettre est mise en distribution, conformément aux règles adoptées pour les imprimés soumis à la recommandation.

Tout commandement remis à une autre personne que la partie elle-même ou le procureur de la République, doit être délivré par le facteur sous une enve-

---

(1) Voir le modèle de cette lettre aux annexes, p. 102.

loppe fermée, ne contenant d'autres indications que les noms et domicile du destinataire.

. . . .

17. Nous n'avons rapporté de ce décret que les parties concernant la remise des sommations avec frais et les commandements. Les autres parties n'offrent aucun intérêt pour la question que nous traitons.

Les agents des postes n'ont pas besoin d'être commissionnés porteurs de contraintes pour la notification des sommations avec frais et commandements.

Les facteurs sont autorisés à signer le commandement qu'ils notifient aux contribuables. Ce commandement est à peu près le même que celui notifié par les porteurs de contraintes.

18. Enfin, un décret du 25 avril 1902, que nous reproduisons ci-après, a fixé les honoraires des huissiers appelés à exercer des poursuites contre les contribuables, en matière de contributions directes et taxes assimilées.

19. — Décret du 25 avril 1902.

Le Président de la République française,

Sur le rapport du Garde des sceaux, ministre de la justice, et du Ministre des finances ;

Vu l'article 1042 du Code de procédure civile ;

Vu les décrets du 16 février 1807 ;

Le Conseil d'Etat entendu,

Décrète :

Art. 1er. L'huissier appelé à exercer des poursuites

en matière de contributions directes, de taxes assimilées et d'amendes ou condamnations pécuniaires, reçoit comme émolument de tout exploit :

Pour l'original, 50 centimes ;

Pour la copie, 50 centimes.

Il n'a droit à aucune allocation pour les copies de titres placés en tête ou à la fin des exploits.

Art. 2. Toutes les fois que l'huissier doit se rendre en dehors de sa résidence pour les poursuites prévues à l'article ci-dessus, il lui est alloué par kilomètre parcouru, à l'aller et au retour, une indemnité de 15 centimes, sans que cette indemnité puisse jamais dépasser 12 francs.

Art. 3. Les frais de garde sont tarifés de la manière suivante, sans pouvoir, en aucun cas, excéder au total 18 francs :

Huit premiers jours, 50 centimes chacun ; jours suivants, 25 centimes chacun.

Si c'est un garde champêtre qui est constitué garde, il touchera, par jour, 25 centimes.

Art. 4. La taxe des frais par le juge, à la requête de l'administration, sera faite à la diligence du receveur des finances. Il ne sera dû aucune vacation pour la taxe que l'huissier croirait devoir requérir.

Art. 5. Le Garde des sceaux, ministre de la justice, et le Ministre des finances, sont chargés, chacun en ce qui le concerne, de l'exécution du présent décret, qui sera inséré au *Bulletin des Lois* et publié au *Journal Officiel.*

ANNEXES

N° 1. — Avis de poursuites par voie de sommation avec frais.

(Modèle n° 3.)

M..................... est informé qu'il est l'objet d'une sommation pour le paiement de contributions ou de taxes assimilées.

En exécution de l'article 2 du décret du 24 avril 1902, cet acte sera déposé à la mairie, lors du plus prochain passage du facteur distributeur.

Le............... 19...

Le Facteur,

N° 2. — Avis de poursuites par voie de commandement.

(Modèle n° 11.)

M..................... est informé qu'il est poursuivi par voie de commandement

par ⎧ le percepteur d...............................
    ⎨ *ou*
    ⎩ le receveur municipal de......................

En exécution de l'article 7 du décret du 24 avril 1902, ce commandement a été déposé à la mairie.

A............., le............. 19...

Le Receveur des postes (1),

---

(1) Nota. — Le présent avis doit être envoyé sous enveloppe fermée et sous recommandation d'office.

CHAPITRE VII

CONTRIBUTIONS INDIRECTES

ASSISTANCE AUX EMPLOYÉS DES CONTRIBUTIONS INDIRECTES

1. Les contributions indirectes forment une des branches les plus importantes de l'administration des finances.

Très souvent, surtout depuis les lois de 1905, les commissaires de police, maires, adjoints aux maires et juges de paix, ont à prêter leur concours aux employés des contributions indirectes pour les assister dans les recherches qu'ils effectuent dans le domicile des particuliers soupçonnés de fraude envers la régie.

Jusqu'à la promulgation des lois des 22 avril 1905 (art. 19) et 6 août de la même année (art. 14, 15 et 16), qui ont modifié et complété le § 1er de l'article 237 de la loi du 28 avril 1816 — loi toujours en vigueur —, les employés des contributions indirectes s'appuyaient sur les dispositions du susdit article 237 pour pratiquer des visites domiciliaires chez les particuliers non assujettis à la régie soupçonnés de fraude ; mais des vexations et des abus de pouvoir ayant été commis, le législateur a été conduit à préciser le droit de visite domiciliaire des employés susindiqués, ainsi que les formes à observer pour sauvegarder le principe de la liberté individuelle.

La loi nouvelle établit tout d'abord une distinction entre les locaux servant exclusivement d'habitation (chambres à coucher, etc.) et les autres locaux occupés par les simples particuliers (hangars, magasins, caves, etc.). Pour les premiers locaux, les employés des contributions indirectes ne peuvent y pénétrer qu'après s'être préalablement munis d'une ordonnance de perquisition du juge du tribunal civil de l'arrondissement ou du juge de paix du canton. Quant aux seconds locaux, cette ordonnance n'est pas nécessaire pour qu'ils puissent y perquisitionner ; mais, dans les deux cas, il leur faut, en outre, un ordre de visite de leurs chefs, et ils doivent être accompagnés d'un officier de police judiciaire.

L'article 14 de la loi du 6 août 1905, qui a inauguré le système de l'ordonnance du juge, doit être combiné avec l'article 15 de la même loi et avec l'article 19 de celle du 22 avril 1905 de la même année.

C'est ce qu'une jurisprudence récente vient d'ailleurs de décider.

2. Nous mentionnons ci-après les articles des lois donnant le droit aux employés des contributions indirectes de requérir les officiers de police judiciaire et indiquant les obligations à observer pour rendre régulières et légales les visites domiciliaires.

Loi des finances du 5 ventôse an XII.

Art. 83 (1). En cas de suspicion de fraude, ils pourront (*les employés des contributions indirectes*) faire des visites, mais en se faisant assister d'un officier de police, qui sera *tenu, sous peine de destitution et de dommages-intérêts*, de déférer à la réquisition par écrit qu'ils lui en auront faite, et qui sera transcrite en tête du procès-verbal (2).

Loi du 28 avril 1816.

Art. 237. En cas de soupçon de fraude à l'égard des particuliers non sujets à l'exercice, les employés pourront faire des visites à l'intérieur de leurs habitations, en se faisant assister du juge de paix, du maire, de son adjoint ou du commissaire de police, lesquels seront tenus de déférer à la réquisition qui leur en sera faite et qui sera transcrite en tête du procès-verbal.

Ces visites ne pourront avoir lieu que d'après l'ordre d'un employé supérieur, du grade de contrôleur au moins, qui rendra compte des motifs au directeur du département.

Les marchandises transportées en fraude, qui, au moment d'être saisies, seraient dans une habitation pour les soustraire aux employés, pourront y être suivies par eux, sans qu'ils soient tenus, dans ce cas, d'observer les formalités ci-dessus prescrites.

---

(1) Toujours en vigueur.

(2) Voir aux annexes le modèle de cette réquisition.

Loi du 22 avril 1905

qui a, par son article 19, modifié l'article 237 de la loi du 28 avril 1816, ainsi qu'il suit :

Art. 19. L'ordre de visite prévu au § 1er devra, à peine de nullité, indiquer sommairement les motifs sur lesquels la régie base son soupçon de fraude. Il devra être, avant toute visite, visé par l'officier de police judiciaire qui accompagnera les agents; il devra, en outre, avant toute perquisition, être lu à l'intéressé ou à son représentant, qui sera invité à le viser. En cas de refus, par l'intéressé ou son représentant, de viser l'ordre de visite, il sera passé outre, mais mention du refus sera faite au procès-verbal.

Sur la demande de l'intéressé ou de son représentant, copie de l'ordre de visite lui sera remise dans les trois jours.

Les commissaires spéciaux de police ne pourront, en aucun cas, assister les employés dans les visites prévues au présent article.

Loi du 6 août 1905

relative à la répression des fraudes sur les vins et au régime des spiritueux.

. . . .

. . . .

Art. 14. L'article 237 de la loi du 28 avril 1816 cesse d'être applicable aux visites des employés de la régie dans l'intérieur des locaux servant exclusivement à l'habitation des particuliers non sujets à l'exercice.

Toute visite dans les locaux d'habitation devra être préalablement autorisée par une ordonnance du président du tribunal civil de l'arrondissement ou du juge de paix du canton (1).

Art. 15. L'article 237 de la loi du 28 avril 1816 est complété ainsi qu'il suit :

L'ordre de visite (1) prévu au paragraphe 1er est obligatoire pour tous les employés; il devra, à peine de nullité, indiquer sommairement les motifs sur lesquels la régie base son soupçon de fraude.

Une dénonciation anonyme ne saurait servir de base à un soupçon de fraude.

L'ordre de visite devra être, avant toute visite, visé par l'officier de police judiciaire qui accompagnera les agents; il devra, en outre, avant toute perquisition, être lu à l'intéressé ou à son représentant, qui sera invité à le viser.

En cas de refus par l'intéressé ou son représentant de viser l'ordre de visite, il sera passé outre, mais mention du refus sera faite au procès-verbal.

Sur la demande de l'intéressé ou de son représentant, copie de l'ordre de visite lui sera remise dans les trois jours.

Les commissaires de police spéciaux ne pourront en aucun cas assister les employés dans les visites prévues au présent article.

Les commissaires de police ordinaires ne pourront exercer leurs fonctions que dans leur canton ou dans les cantons de leur arrondissement où il n'existe pas d'autres commissaires de police.

Art. 16. Après les visites domiciliaires effectuées dans les conditions prévues par l'article 237 de la loi du 28 avril 1816, les agents de la régie devront remettre en état les locaux visités.

L'officier de police judiciaire consignera les protestations qui viendraient à se produire dans un acte motivé dont copie sera remise à l'intéressé.

---

(1) Voir aux annexes le modèle de ces actes.

Enfin l'expérience ayant démontré que, dans bien des cas, les visites avaient été rendues inefficaces en raison des pertes de temps occasionnées aux agents des contributions indirectes pour l'obtention d'une ordonnance, l'article 21 de la loi des finances du 30 janvier 1907 a remédié en partie à cet inconvénient, en décidant que les dispositions de l'article 14 de la loi du 6 août 1905 ne seront plus applicables aux visites ayant pour objet :

1° Des fraudes intéressant le monopole des tabacs ;

2° Des fraudes relatives au sucrage, à la fabrication, à la vente ou à la mise en vente des vins artificiels ;

3° Des distilleries clandestines dans les villes ayant une population agglomérée de quatre mille habitants et au-dessus.

3. Comme on le voit, cet article a apporté trois dérogations à l'article 14 de la loi du 6 août 1905.

Dans la séance du 15 décembre 1906, à la Chambre des députés, M. Caillaux, ministre des finances, déclara ne pouvoir réprimer la fraude, notamment celle des vins artificiels, si la régie était astreinte à des formalités de nature à entraver la rapidité de son action. Il affirma, d'ailleurs, que les termes du présent article étaient limitatifs :

« Non seulement, dit-il, la régie ne cherche pas à faire, de l'article en question, l'amorce de mesures plus graves, mais je déclare formellement à cette tribune que cet article n'est pas applicable à d'autres fraudes qu'à celles sur les tabacs, sur les distilleries clandestines et sur les vins artificiels. »

Les dispositions de l'article 21 de la loi du 30 janvier 1907 remettent en vigueur, pour trois catégories de fraudes, celles de l'article 237, § 1er, de la loi du 28 avril 1816. L'ordonnance préalable à la visite n'est plus nécessaire ; mais les autres prescriptions, telles qu'elles sont mentionnées aux articles 19 de la loi du 22 avril 1905 et 15 de la loi du 6 août de la même année, restent en entier.

4. On remarquera que les commissaires spéciaux de police ne pourront plus assister les employés de la régie, comme ils avaient la faculté de le faire antérieurement aux deux lois de 1905.

D'autre part, d'après le § *in fine* de l'article 15 de la loi du 6 août 1905, les commissaires de police ordinaires pourront assister les employés de la régie dans tout le canton où ils ont leur résidence et même dans les autres cantons de leur arrondissement, s'il n'y a pas de commissaires de police.

Cette extension de juridiction des commissaires de police, qu'avait déjà édictée le décret du 12 octobre 1897 pour les crimes de faux (art. 464 du Code d'instr. crim.) et contraventions aux lois sur les boissons (art. 237 de la loi du 28 avril 1816), se trouve aujourd'hui bien spécifiée par l'article 15 de la loi du 6 août 1905.

5. Ainsi que nous l'indiquons ci-dessus, le droit de requérir les officiers de police judiciaire, pour les assister dans leurs recherches spéciales, a été reconnu aux employés des contributions indirectes par l'article 83 de la loi des finances du 5 ventôse an XII et par l'article 237 de la loi du 28 avril 1816, article qui a été modifié et complété par les lois de 1905 susmentionnées.

L'article 245 de la loi du 28 avril 1816 fait, en outre, une obligation aux autorités civiles et militaires de prêter aide et assistance aux employés des contributions indirectes dans l'exercice de leurs fonctions, chaque fois qu'elles en seront requises.

6. Des dispositions qui précédent il résulte qu'aujourd'hui les employés des contributions indirectes ne peuvent plus pratiquer des visites domiciliaires, pour la recherche de la fraude, chez les particuliers, sans être assistés d'un officier de police judiciaire, sauf en cas de poursuite de la fraude à vue, ainsi qu'il est indiqué plus loin.

La loi est formelle à ce sujet, les employés seraient-ils porteurs d'une ordonnance du juge et d'un ordre de visite de leurs chefs.

Tout particulier a donc le droit de refuser l'entrée de son domicile aux employés de la régie qui se présenteraient chez lui pour y rechercher la fraude, sans être accompagnés de l'officier de police judiciaire compétent, dont la présence est prescrite par les lois précitées.

7. Le tribunal correctionnel de Beaune, par jugement en date du 12 décembre 1909, a acquitté deux individus soupçonnés par l'administration des contributions indirectes, comme se livrant à la fabrication des allumettes de contrebande, et qui avaient été arrêtés, chez eux, par des employés de cette administration.

Le tribunal a déclaré la procédure irrégulière, bien que les employés fussent munis d'une ordonnance du juge de paix du canton et d'un ordre de visite de leur chef, parce qu'ils n'étaient pas assistés d'un officier de police judiciaire, ainsi que l'exige la loi.

L'administration fit appel de cette décision devant la cour d'appel de Dijon ; mais la cour, par arrêt de février 1910, a confirmé le jugement des premiers juges.

D'ailleurs, bien antérieurement aux lois de 1905, la jurisprudence avait sanctionné le droit des particuliers d'exiger la présence d'un officier de police judiciaire à l'occasion des visites domiciliaires pratiquées chez eux par les employés de la régie.

8. De nombreux arrêts ont consacré ce droit :

Attendu, dit l'arrêt de la Cour de cassation du 21 février 1895, que la présence d'un officier municipal prescrite par l'article 237 de la loi du 28 avril 1816 pour les visites domiciliaires chez les particuliers non sujets à l'exercice, est une formalité destinée à assurer l'inviolabilité du domicile,

Le simple particulier a le droit de l'exiger et de refuser l'entrée de son habitation, en l'absence de l'officier municipal compétent; mais, s'il n'use pas de ce droit, il n'est pas admis à se plaindre, après coup, d'une opération qui n'a été que la suite de son défaut de réclamation. (*Pandectes françaises périodiques*, 1895, 1, 509.)

Nous avons indiqué (p. 105) que les employés de la régie devaient remettre une réquisition écrite à l'officier de police judiciaire dont ils réclamaient le concours. Cette formalité, quoique toujours légale, est aujourd'hui tombée en désuétude. Actuellement, le requérant se borne à présenter au magistrat requis l'ordre de visite qui doit être visé par lui avant toute opération. Cette formalité préalable, qui, dans certains cas, est appuyée d'une ordonnance du juge, lui permet de s'assurer que la réquisition qui lui est adressée est bien régulière, et qu'en conséquence il doit y déférer.

D'autre part, le même ordre de visite lui permet également de se rendre compte que le particulier chez lequel il se trouve est bien celui indiqué, dans l'ordre de visite, comme soupçonné de fraude, et il peut alors agir en connaissance de cause au cas où il chercherait à apporter des obstacles aux recherches des employés.

9. La loi n'a prévu aucune pénalité en cas de refus de visite d'un particulier soupçonné de fraude. Il appartient, dans cette circonstance, à l'officier de police judiciaire accompagnant les employés de la régie, d'user des moyens de contrainte que la loi met à sa disposition pour vaincre les résistances qu'on lui oppose. (Dalloz.)

10. L'officier de police judiciaire requis, et qui n'a pas de motifs légitimes de refuser son concours, doit obtempérer à la réquisition qui lui est adressée, sous peine de destitution ou de prise à partie.

Nous avons vu, au commencement de ce travail, que la prise à partie était ouverte contre les officiers de police judiciaire, lorsque, sans motifs légitimes, ils refusaient d'obtempérer à une réquisition à laquelle une loi claire et précise les obligeait d'obéir.

Des arrêts de jurisprudence appuient le droit de réquisition des employés de la régie, et des condamnations ont déjà été prononcées.

11. Les visites domiciliaires ne peuvent avoir lieu que pendant l'intervalle de temps déterminé par l'article 1037 du Code de procédure civile. (Voir *Huissiers*, p. 85 ; — Douai, 20 mai 1897 ; — Lyon, 20 mai 1900, etc.)

12. Les employés des contributions indirectes

conservent le droit de s'introduire pendant le jour dans le domicile des citoyens, sans être assistés d'un officier de police judiciaire, pour y saisir la fraude qui vient d'y être introduite et qu'ils n'avaient pas cessé de suivre à vue. (Cass., 2 juillet 1869 ; 24 janvier 1889 ; 10 février 1910.)

En effet, les lois précitées de 1905 n'ont pas modifié les dispositions du second paragraphe de l'article 237 de la loi du 28 avril 1816. Seul, le premier paragraphe de cet article a été modifié et complété. Les débats qui ont eu lieu à la Chambre des députés, lors de la discussion des articles 14, 15 et 16 de la loi du 6 août 1905, ne laissent aucun doute à ce sujet. (Voir également arrêt Cass., 10 février 1910, précité.)

Cette dérogation au principe de l'inviolabilité du domicile prévue au § 2 de l'article 237 de la loi du 28 avril 1816, a d'ailleurs été édictée dans le but de réprimer plus efficacement la fraude. Si, dans ces circonstances flagrantes, les employés des contributions indirectes étaient tenus d'aller requérir un officier de police judiciaire, le corps du délit aurait généralement disparu lorsque ce fonctionnaire arriverait sur les lieux.

(Comparer : *Octrois*, p. 123 et 124, et *Douanes*, p. 131, n° 4.)

13. Mais ils ne peuvent s'introduire la nuit dans le domicile d'un particulier pour y saisir la fraude qu'ils suivaient à vue. Ils doivent, dans ce cas, cerner la maison et attendre le jour. (Cass., 4 août 1838.)

14 Mais un procès-verbal commencé pendant le jour peut être continué pendant la nuit, dans le domicile du contrevenant, lorsque les préposés jugent convenable de ne point discontinuer les opérations commencées. (Cass., 20 mai 1808 ; — Trescaze, précité.)

15. Les employés des contributions, dans l'exercice de leurs fonctions, doivent toujours être porteurs de leur commission, et sont protégés par les articles 209 et 224 du Code pénal.

VACATIONS

16. Les vacations à allouer aux commissaires de police hors Paris, pour assistance aux employés des contributions indirectes, sont réglées à raison de 3 francs pour la première vacation de trois heures, et de 1 franc par heure pour le temps employé au delà de trois heures. (Circ. du 15 mai 1823.)

17. En résumé, ce que le législateur a voulu, en édictant les lois des 22 avril (art. 19) et 6 août 1905 (art. 14, 15 et 16), c'est entourer de plus de garanties la liberté du domicile.

Une plainte anonyme ne peut plus servir de base à un soupçon de fraude, de même qu'un simple soupçon de fraude est insuffisant pour justifier une visite domiciliaire. L'ordre de visite exigé par l'article 15 de la loi du 6 août 1905 doit, à peine de nullité, contenir l'indication sommaire, claire et précise des motifs sur lesquels la régie base son soupçon de fraude. (Douai, 22 juillet et 4 août 1908 ; — DALLOZ périod., 1909, 2, 110.)

Ces deux arrêts sont définitifs.

18. En outre, l'ordre de visite doit également, à peine de nullité, être lu à l'intéressé avant toute visite et soumis à son visa ou à celui de son représentant. En cas de refus de signer l'ordre, il est passé outre. (Art. 15 de la loi du 6 août 1905.)

19. Antérieurement aux lois de 1905, la Cour de cassation, par ses arrêts des 5 septembre 1834, 5 juillet 1878, etc., avait déjà décidé que l'ordre de visite devait être exhibé à l'intéressé avant toute opération, et que l'introduction des préposés dans le domicile d'un citoyen sans être munis de cet ordre préalable qui, seul, les couvre et les justifie, rentrait nécessairement dans les termes de l'article 184 du Code pénal. (*Violation de domicile.*)

20. La loi du 6 août 1905 (art. 16) contient les innovations suivantes :

1° Après les visites domiciliaires, les employés de la régie devront remettre en état les locaux visités.

Cependant, si l'opposition à la visite avait rendu

nécessaire l'effraction d'une porte, les préposés ne seraient pas tenus de la remettre en état. (*Règles du droit commun*) ;

2° L'officier de police judiciaire qui assistera à la visite consignera, par écrit, les protestations qui se produiront et remettra une copie de l'acte à l'intéressé.

21. Enfin, l'article 5 de la loi du 29 décembre 1900, en posant le principe de la suppression de l'exercice chez les débitants, ajoute que, « *dans les communes où il n'existe pas de surveillance effective et permanente aux entrées* », tout débitant reste assujetti, dans ses locaux affectés au commerce, aux visites des employés de la régie.

Conséquemment il n'y a que dans ces locaux (caves, magasins, hangars, etc.) que les employés de la régie peuvent pénétrer librement.

Partout autre part, les employés doivent observer les prescriptions de l'article 237, § 1er, de la loi du 28 avril 1816 modifié et complété par les articles 19 de la loi du 22 avril 1905 et 14, 15 et 16 de celle du 6 août de la même année.

Il n'y a d'exception à cette règle que dans les cas prévus par le second paragraphe de l'article 237 susvisé. (Arrêt de la Cour de cassation du 10 février 1910.)

ANNEXES

MODÈLES D'ACTES DIVERS

N° 1. — Réquisition au maire, à l'adjoint, au juge de paix ou au commissaire de police.

Nous, soussignés, employés des contributions indirectes à la résidence de............, agissant en vertu des articles 237 de la loi du 28 avril 1816 et 15 de celle du 6 août 1905, invitons et requérons M................ (*commissaire de police, maire, adjoint ou juge de paix*) de nous assister dans la visite que nous nous proposons de faire chez M.................., d'après l'ordre qui nous a été donné par M................ (*contrôleur* ou *sous-directeur, etc.*) des contributions indirectes à.................., que nous avons exhibé.

Nota. — Si la réquisition est faite par les employés de l'octroi, on commence en ces termes : « Nous, soussignés, employés de l'octroi de.............., y demeurant, agissant en vertu de l'article 53 du décret du 1er germinal an XIII, et de l'article 92 de l'ordonnance du 9 décembre 1814..... »

N° 2. — Réquisition au maire, etc., par un employé supérieur, qui opère lui-même.

Nous, soussigné, ... (*inspecteur* ou *contrôleur*) des contributions indirectes à la résidence de.................., agissant en vertu des articles 237 de la loi du 28 avril 1816 et 15 de celle du 6 août 1905, invitons et requérons, M................ (*maire, commissaire de police, etc.*) de nous assister dans la perquisition que nous nous proposons de faire chez M................, en vertu de l'ordre de visite, signé de nous, que nous avons exhibé.

N° 3. — Réquisition au maire, à l'adjoint au maire, au juge de paix ou commissaire de police, en vue d'une visite dans les locaux d'habitation d'une personne non soumise aux exercices.

Nous, soussignés, employés des contributions indirectes.............., agissant en vertu de l'article 14 de la loi du 6 août 1905 et 237 de celle du 28 avril 1816, invitons et requérons M............. (*maire, commissaire de police, etc.*), de nous assister dans la visite que nous nous proposons de faire chez M............, à.................., en vertu de l'ordonnance qui nous a été délivrée par M.............. (*président du tribunal de......, ou juge de paix du canton de......*), que nous avons exhibée.

N° 4. — Ordre de visite.

Le...... (*grade de l'employé supérieur*) des contributions indirectes, soussigné, à la résidence de........ donne à MM.......... (*noms et grades*) à............, l'ordre de procéder, conformément aux prescriptions de l'article 237 de la loi du 28 avril 1816, modifié par l'article 15 de la loi du 6 août 1905, à une perquisition au domicile de M............, demeurant à.........., soupçonné de.......... (*indiquer les causes qui motivent la visite*).

A............, le.............. 19...

(Signature.)

Vu par l'officier de police judiciaire,

Vu par l'intéressé ou son représentant,

N° 5. — Modèle d'ordonnance autorisant une visite domiciliaire dans les locaux d'habitation.

Nous........ (*président du tribunal civil de.... ou juge de paix du canton de....*),

Vu l'article 14 de la loi du 6 août 1905;

Vu la requête ci-dessus;

Attendu qu'il résulte de ladite requête, présentée par MM........................., employés des contributions indirectes à.............., et (*s'il y a lieu*) de leurs explications verbales, qu'il y a grave présomptions de fraude contre M................, demeurant à.............., soupçonné de se livrer à...........,

Autorisons les agents susnommés à procéder à une visite domiciliaire dans les locaux constituant l'habitation de M............., à............. et dans leurs dépendances.

Disons que la présente ordonnance sera exécutoire par provision et avant enregistrement.

Fait à............, le............ 19...

(Signature.)

NOTA. — Cette ordonnance doit être libellée au bas de la requête des employés, et enregistrée dans les vingt jours de sa date. (Extrait du *Dictionnaire des Contributions indirectes*, par A. TRESCAZE.)

CHAPITRE VIII

OCTROIS

ASSISTANCE AUX EMPLOYÉS D'OCTROI

1. Les octrois sont établis dans les villes où les revenus sont insuffisants pour subvenir aux dépenses qui sont à leur charge. (Art. 5 de l'ordonn. du 9 décembre 1814 ; 147 de la loi du 28 avril 1816 ; 137, 138 et 139 de celle du 5 avril 1884.)

Des poteaux indicateurs doivent indiquer, à peine de nullité des opérations, les limites de l'octroi. En outre, le règlement de l'octroi et les tarifs en vigueur doivent être affichés, tant à l'intérieur qu'à l'extérieur des bureaux d'octroi. Le tout à peine de nullité. (Cass., 23 novembre 1895.)

L'ordonnance du 9 décembre 1814 forme la base fondamentale de la législation des octrois. Quelques parties de la loi du 28 avril 1816 en sont les annexes.

Ci-après plusieurs extraits de l'ordonnance du 9 décembre 1814 :

2. Art. 30. Les personnes voyageant à pied, à cheval ou en voiture particulière suspendue (1) ne pourront être arrêtées, questionnées ou visitées sur leurs personnes ou en raison de leurs malles ou effets. Tout acte contraire à la présente disposition sera réputé acte de violence; et les préposés qui s'en rendront coupables seront poursuivis correctionnellement et punis des peines prononcées par les lois.

Art. 31. Tout individu soupçonné de faire la fraude à la faveur de l'article précédent pourra être conduit devant un officier de police, ou devant le maire, pour y être interrogé et la visite de ses effets autorisée, s'il y a lieu.

Art. 32. Les diligences, fourgons, fiacres, cabriolets ou autres voitures de louage sont soumis aux visites des préposés de l'octroi.

Art. 39. Tout objet sujet à l'octroi qui, nonobstant l'interpellation faite par les préposés, serait introduit sans avoir été déclaré, ou sur une déclaration fausse ou inexacte, sera saisi.

Art. 65. Les préposés de l'octroi sont placés sous la protection de l'autorité publique.. Il est défendu de les injurier, maltraiter et de même les troubler dans l'exercice de leurs fonctions sous les peines de droit. La force est tenue de leur prêter main-forte, toutes les fois qu'elle en est requise.

3. Dans l'exercice de leurs fonctions, les employés d'octroi doivent toujours être porteurs de leur commission et l'exhiber aux réquisitions des ayants droit.

---

(1) Les voitures particulières suspendues sont soumises aux mêmes visites que les voitures publiques. (Art. 7 de la loi du 29 mars 1832, et 9 de celle du 24 mai 1834.)

Nous donnons ci-dessous quelques arrêts de jurisprudence concernant le droit des employés d'octroi.

4. Les personnes voyageant à pied ou à cheval ne peuvent pas être arrêtées, questionnées ou visitées sur leurs personnes ou en raison de leurs malles ou effets. (Art. 12 de la loi du 27 frimaire an VIII ; 30 de l'ordonn. du 9 décembre 1814 ; — Cass., 20 juin 1828 et 22 mars 1834.)

5. Néanmoins, tout individu soupçonné de faire la fraude à la faveur de ces exceptions peut être conduit devant un officier de police judiciaire pour être interrogé et fouillé s'il y a lieu. (Art. 31 de l'ordonn. du 9 décembre 1814.)

6. Dans toutes ces circonstances, il est recommandé aux employés des octrois d'user de politesse envers le public et d'éviter les vexations. (Circ. du 29 août 1834.)

7. Pour les poursuites de la fraude à vue, les préposés d'octroi possèdent à peu près les mêmes pouvoirs que ceux qui sont attribués aux employés des contributions indirectes, dans les mêmes circonstances.

8. Le droit, pour les préposés d'octroi, de faire la recherche au domicile des contrevenants, sans l'assistance d'un officier de police judiciaire, des objets introduits en fraude qu'ils ont suivis jusqu'à l'introduction au domicile, ne saurait être ni détruit, ni suspendu, parce que la fraude aurait pu être constatée sur la voie publique. (Cass., 7 mars 1856.)

9. Néanmoins, si les préposés ne sont pas tenus d'être assistés d'un officier de police judiciaire pour s'introduire dans le domicile d'un citoyen, en cas de poursuite de la fraude à vue, ils ne peuvent s'y introduire qu'en faisant appel à l'un des fonctionnaires désignés à l'article 237 de la loi du 28 avril 1816, c'est-à-dire un employé supérieur, du grade de contrôleur au moins. A défaut de cet employé supérieur, un préposé en chef d'octroi, ou un contrôleur d'octroi, suffirait. (Cass., 16 février 1877 ; — Grenoble, 4 juillet 1878.)

10. En l'absence de l'un des fonctionnaires susdésignés, tout citoyen peut refuser l'entrée de son domicile aux préposés de l'octroi. (Caen, 20 juin 1854, etc.)

11. Les recherches et visites ne peuvent être effectuées que pendant le jour.

Pour toutes autres recherches, les employés doivent se conformer aux prescriptions des lois des 22 avril 1905 (art. 19) et 6 août 1905 (art. 14, 15 et 16), complétant et modifiant l'article 237 de la loi du 28 avril 1816. (Voir ces dispositions au chapitre précédent, p. 103 et suiv.)

12. Le *Journal des contributions indirectes* du

12 avril 1908, n° 14, question 403, répondant à une question au sujet de l'application de la nouvelle législation aux octrois, émet cet avis, conforme d'ailleurs, à la jurisprudence antérieure aux lois de 1905 précitées :

Les préposés d'octroi ont la faculté de procéder à des visites domiciliaires, en observant les formalités prescrites par l'article 237 de la loi du 28 avril 1816, modifié par l'article 19 de la loi du 22 avril 1905......

....

Il est de jurisprudence que l'article 237 de la loi de 1816 s'applique, en matière d'octroi, dans les mêmes circonstances et dans les mêmes conditions qu'en matière de contributions indirectes. (Cass., 5 septembre 1834; 7 mars 1856; 20 avril 1877, etc.)

La raison en est que l'article 237 qui se trouve au titre VII de la loi de 1816, sous la rubrique des « Dispositions générales » se réfère à toutes les dispositions qui précèdent, aux octrois comme aux boissons, et concernent toutes ces espèces de fraude à ces dispositions.

Or, les modifications que les lois des 22 avril et 6 août 1905 ont apportées à l'article 237 s'appliquent *ipso facto* à toutes les matières de cet article. L'article 237 s'applique aux octrois, non plus dans son texte primitif, mais dans son texte modifié.

13. Pour la rédaction des ordres de visite, les employés des octrois, procédant à une visite domiciliaire, doivent rédiger ces ordres selon le modèle adopté par l'administration.

Je soussigné.................., préposé en chef de

l'octroi de............, agissant en vertu de l'article 237 de la loi du 28 avril 1816 et de l'article 15 de celle du 6 août 1905, etc.

(Voir ce modèle, au chapitre précédent, p. 118.)

14. Dans l'exercice de leurs fonctions, les préposés d'octroi sont protégés, contre les violences et les outrages, par les articles 209 et 224 du Code pénal. (Cass., 14 mai 1842.)

15. Une vacation analogue à celle des contributions indirectes est allouée au commissaire de police requis pour assister les employés des octrois.

CHAPITRE IX

DOUANES

ASSISTANCE AUX DOUANIERS

1. L'administration des douanes, instituée dans un but fiscal, protecteur et prohibitif, a des postes échelonnés tout le long de nos frontières de terre et de mer. Un grand nombre de lois, décrets et règlements constituent la législation des douanes ; mais son véritable Code répressif est formé des lois des 6-22 août 1791 et 28 avril 1816 (toujours en vigueur).

Voici les extraits des lois qui permettent aux préposés des douanes de recourir à l'assistance des commissaires de police, juges de paix, maires et adjoints :

Décret-loi des 6-22 août 1791.

TITRE XIII

DE LA POLICE GÉNÉRALE

2. Art. 8. Des préposés de la régie pourront être mis, soit avant, soit après la déclaration, à bord de tous les bâtiments entrant dans les ports et rades du royaume, et en sortant, et même à l'embouchure et dans les cours des rivières. Il est enjoint aux capitaines et aux officiers des bâtiments, à peine de déchéance de leur grade et de 500 livres d'amende, de recevoir lesdits préposés et de leur ouvrir les chambres et armoires desdits bâtiments, à l'effet d'y faire les visites nécessaires pour prévenir la fraude; s'ils s'y refusent, lesdits préposés pourront demander assistance d'un juge pour être fait ouverture, en sa présence, desdites chambres et armoires dont il sera dressé procès-verbal aux frais desdits capitaines et maîtres des navires.

Dans le cas où il n'y aurait pas de juge sur le lieu, ou s'il refusait de se transporter sur le bâtiment, le refus étant constaté par un procès-verbal, lesdits préposés requerraient la présence de *l'un des officiers municipaux dudit lieu*, qui sera tenu de les accompagner.

L'article 14 de la même loi déclare que les préposés sont sous la sauvegarde de la loi et que la force armée doit leur prêter main-forte en cas de réquisition.

L'article 16 dispose que les préposés des douanes doivent toujours être porteurs de leur commission, dans l'exercice de leurs fonctions, et qu'ils doivent l'exhiber en cas de réquisition.

Art. 35. Lesdits préposés pourront, en cas de poursuite de la fraude, la saisir même au delà des deux lieues des côtes et frontières, pourvu qu'ils l'aient vue pénétrer à l'intérieur et qu'ils l'aient suivie sans interruption.

Art. 36. Lesdits préposés pourront, dans le même cas, faire leurs recherches dans les maisons situées dans l'étendue des deux lieues des côtes ou des frontières de terre, pour y saisir les marchandises de contrebande ou autres, mais seulement dans le cas où, n'ayant pas perdu de vue lesdites marchandises, ils seraient arrivés au moment où on les aurait introduites dans lesdites maisons. Si, alors, il y a refus d'ouverture des portes, ils pourront les faire ouvrir en présence d'un juge ou d'un *officier municipal du lieu* qui, dans tous les cas, devra être appelé pour assister au procès-verbal.

Toutes autres recherches à domicile leur sont interdites, si ce n'est au cas de l'article 39 du présent titre.

L'article 38 de la même loi de 1791 prévoit la recherche des dépôts frauduleux faits dans la zone des deux lieues de mer (aujourd'hui, deux myriamètres).

Art. 39. Les marchandises et denrées ainsi entreposées seront saisies et confisquées, avec amende de 100 livres, contre ceux qui les auront reçues en entrepôt; à l'effet de quoi, les préposés à la régie pourront faire leurs recherches dans les maisons où les entrepôts seront formés, en se faisant assister d'un *officier municipal du lieu.* Ces visites, dans aucun cas, ne pourront être faites la nuit.

Des difficultés s'étant produites au sujet du refus fait par des officiers municipaux d'assister les préposés des douanes requis en conformité de l'article 36 du titre XIII de la loi ci-dessus, le décret du 20 septembre 1909 a tranché la question comme suit :

....

Art. 2. L'article 36 du titre XIII de la loi du 22 août 1791 et l'article 12 de la loi du 10 brumaire an V doivent être entendus en ce sens que, *si le juge et l'officier municipal* refusent d'assister au procès-verbal des préposés des douanes sur la réquisition que ceux-ci leur auront faite, il suffit, pour la régularité de leurs opérations, que le procès-verbal contienne la mention de la réquisition et du refus.

Loi du 28 avril 1816, sur les douanes.

L'article 59 de la loi du 28 avril 1816, sur les douanes, prévoit la recherche, dans toute l'étendue du territoire de la République, des cotons filés, tissus, tricots de coton et de laine, ainsi que tous autres tissus de fabrication étrangère prohibés. L'article 60, ci-après, de la même loi confère aux préposés des douanes le droit de se faire accompagner dans lesdites recherches d'un officier public.

Art. 60. Devront, en conséquence, les préposés des douanes, en se faisant accompagner d'un *officier municipal* ou d'un *commissaire de police,* qui sera tenu de se rendre à leur réquisition, se transporter dans les maisons et endroits situés dans toutes les villes et communes de l'étendue du rayon, qui leur seraient indiqués comme recélant des marchandises de l'espèce de celles dénommées en l'article 59, et en effectuer la saisie.

Ces visites ne pourront avoir lieu que pendant le jour.

Art. 61. Le procès-verbal, à moins d'empêchement, sera rédigé au domicile même de la partie.

La nomenclature des objets saisis sera faite et l'*officier public* qui aura assisté à la saisie apposera son sceau sur le ballot ou paquet qui en sera fait.

3. D'après une circulaire administrative du 14 mai 1834, les officiers municipaux et les commissaires de police sont tenus de se rendre à toute réquisition des préposés des douanes, sans distinction de grades ni exception de jours fériés. (Dalloz, *Répertoire de législation*, V. *Douanes*, n° 792.)

Antérieurement à cette circulaire, il était unanimement reconnu par la jurisprudence que, bien que l'article 39 de la loi de 1791 emploie l'expression : « Officier municipal », les préposés des douanes pouvaient se faire accompagner par tout officier de police judiciaire apte à procéder à une visite domiciliaire, et notamment par le juge de paix et le commissaire de police. (Loi du 28 avril 1816, art. 60 ; — Cass., 2 octobre 1818.)

4. L'administration des douanes possède des droits de saisie plus ou moins étendus, suivant qu'il y a ou non flagrant délit.

Par une exception puisée dans la nécessité de remédier à la contrebande, le législateur, lors même que la marchandise a été introduite dans une maison, a autorisé la saisie et la visite domiciliaire dans le rayon comme au delà même du rayon, mais seulement lorsque les conditions suivantes se trouvent réunies : 1° il faut que les employés aient vu les fraudeurs franchir la ligne-frontière ; 2° qu'ils n'aient pas perdu de vue les fraudeurs ou la voiture qui contient les objets de contrebande ; 3° enfin, que les employés arrivent au moment même de l'introduction de la marchandise dans la maison. (Art. 35 et 36, titre XIII, de la loi du 22 août 1791 : — Art. 38 et 39 de la loi du 28 avril 1816 : — Cass., 5 avril 1900 ; — Dalloz, périod., 1901. 1, 508.)

Et, dans ces cas, l'assistance d'un officier de police judiciaire n'est nécessaire que s'il y a refus d'ouverture des portes. (F. Thibault, *Traité du Contentieux de l'administration des douanes*.)

5. Sur mer, la police y est faite par des pataches armées et dirigées par des équipages spéciaux. Les préposés des douanes y ont le droit de visiter tous les bâtiments français ou étrangers au-dessous de 100 tonneaux, à l'ancre ou louvoyant. En cas de refus ou de résistance, ils peuvent employer la force pour vaincre les résistances qui leur sont opposées. Ils n'ont pas besoin d'être assistés d'un officier de police judiciaire. (Loi du IV germinal an II, titre 2, art. 7.)

Le rayon de mer, qui part des côtes, s'étend jusqu'à quatre lieues en mer. (Loi précitée, titre 2, art. 3.)

6. En ce qui concerne les recherches effectuées à bord des navires dans les conditions déterminées par l'article 8, titre XIII, de la loi du 22 août 1791, si le capitaine ou les officiers du bord refusent d'ouvrir les portes de leurs chambres et armoires, les préposés des douanes ne doivent pas passer outre et doivent requérir l'assistance d'un officier de police judicicaire. (FUZIER-HERMAN et THIBAULT, précités.)

7. Il en est de même en cas de visite domiciliaire, conformément aux prescriptions de l'article 36 du titre XIII de la même loi. (Circ. du 27 avril 1822.)

Si, dans ce cas, le fonctionnaire refusait d'obéir, les préposés des douanes devraient faire cerner la maison et en référer à leurs chefs. (Cir. précitée.)

Pour ces deux cas, il n'y a qu'un magistrat compétent pour forcer l'entrée du domicile du récalcitrant : c'est le juge de paix, le maire, l'adjoint ou le commissaire de police. Et, pour cette opération, il n'est nécessaire ni d'ordre de visite ni d'ordonnance du juge, contrairement à ce qui a lieu maintenant, pour la plupart des cas, en matière de contributions indirectes et d'octrois.

8. Lorsque les préposés sont dans le cas de réclamer l'assistance d'un des officiers publics indiqués en dernier lieu, ils doivent *formuler par écrit une réquisition*, en tête de laquelle ils énoncent que, le maire et les adjoints étant absents, ils se sont adressés à l'un des magistrats appelés à les suppléer. Cette réquisition, visée à l'original par ce dernier magistrat, et dont copie doit être laissée entre ses mains, lui sert de titre légal pour justifier son intervention. Si le citoyen auquel on se présentait ainsi refusait l'ouverture de ses portes, les préposés, toujours assistés de l'officier public requis par eux, devraient, en vertu de la faculté qui leur est attribuée à cet égard par l'article 36, titre XIII, de la loi du 22 août 1791, recourir, au besoin, à l'emploi de la force armée pour faire exécuter la loi. (Décret du 22 juillet 1841.) Ils auraient notamment à faire requérir un serrurier pour pratiquer l'ouverture des portes. (Décret du 20 janvier 1843 ; — *Pandectes françaises ;* rép. V. Douanes, n° 881.)

9. Le premier des officiers publics à réclamer pour assistance aux préposés des douanes est le maire du lieu. A défaut du maire, de l'adjoint et du juge de paix, on requiert le commissaire de police. (*Pandectes françaises*, précitées, n° 877 ; — Cass., 2 octobre 1818, précité.)

10. Il n'est dû aucune indemnité pour assistance aux préposés des douanes. (Douai, 9 février 1858.)

11. Indépendamment de leurs fonctions spéciales, les préposés des douanes — comme de nombreux autres fonctionnaires, d'ailleurs — contribuent à la répression de la fraude pour le compte de l'administration des contributions indirectes, dans le rayon de surveillance qui leur est assigné par les lois (fraude des tabacs, allumettes, etc.).

12. Dans l'exercice de leurs fonctions, les préposés des douanes sont protégés par les articles 209 et 224 du Code pénal contre les violences et outrages qui peuvent leur être adressés. (Cass., 10 janvier 1840 ; 17 août 1849, etc.)

CHAPITRE X

DIVERS

ASSISTANCE A DIVERS AUTRES FONCTIONNAIRES

D'autres fonctionnaires que ceux énumérés aux chapitres précédents ont également le droit de requérir les officiers de police judiciaire compétents, pour les assister dans les visites domiciliaires qu'ils sont appelés à pratiquer dans la demeure des citoyens, en exécution des dispositions légales les concernant spécialement.

Nous indiquons, en suite de la qualification de ces fonctionnaires, les articles des codes et règlements qui leur donnent ce droit de réquisition.

Ces divers fonctionnaires sont :

1° Les gardes champêtres et gardes forestiers agissant en exécution de l'article 16 du Code d'instruction criminelle ci-après :

Art. 16. Les gardes champêtres et les gardes forestiers, considérés comme officiers de police judiciaire, sont chargés de rechercher, chacun dans le territoire pour lequel ils auront été assermentés, les délits et les contraventions de police qui auront porté atteinte aux propriétés rurales et forestières.

Ils dresseront des procès-verbaux à l'effet de constater la nature, les circonstances, le temps, le lieu des délits et des contraventions, ainsi que les preuves et les indices qu'ils auront pu en recueillir.

Ils suivront les choses enlevées dans les lieux où elles auront été transportées, et les mettront en séquestre; ils ne pourront, néanmoins, s'introduire dans les maisons, ateliers, bâtiments, cours adjacentes et enclos, si ce n'est en présence, *soit du juge de paix, soit de son suppléant, soit du commissaire de police, soit du maire du lieu, soit de son adjoint;* et le procès-verbal qui devra en être dressé sera signé par celui en présence duquel il aura été fait.

Ils arrêteront et conduiront devant le juge de paix ou devant le maire tout individu qu'ils auront surpris en flagrant délit ou qui sera dénoncé par la clameur publique, lorsque ce délit emportera la peine d'emprisonnement ou une peine plus grave.

Ils se feront donner, pour cet effet, main-forte par le maire ou par l'adjoint du maire du lieu, qui ne pourra s'y refuser.

2° Les gardes forestiers (art. 161 du Code forestier) :

Art. 161. Les gardes sont autorisés à saisir les bestiaux trouvés en délit et les instruments, voitures et attelages des délinquants, et à les mettre en séquestre. Ils suivront les objets enlevés par les délinquants jusque dans les lieux où ils auront été transportés, et les mettront également en séquestre.

Ils ne pourront néanmoins s'introduire dans les maisons, bâtiments, cours adjacentes et enclos, si ce n'est en présence, *soit du juge de paix ou de son suppléant, soit du maire du lieu ou de son adjoint, soit du commissaire de police.*

3° Les officiers et sous-officiers de gendarmerie (art. 138 du décret du 20 mai 1903 portant règlement sur l'organisation et le service de la gendarmerie) :

Art. 138. Dans toutes les opérations mentionnées aux articles 125 et suivants, les officiers de gendarmerie et les commandants de brigade, lorsqu'ils sont officiers de police judiciaire, se font assister par le commissaire de police du lieu ou, à défaut, par le maire et son adjoint et, en cas de leur absence, par deux habitants domiciliés dans la commune.

Ils n'en dressent pas moins leurs procès-verbaux sans l'assistance de témoins, s'ils n'ont pas eu la possibilité de s'en procurer.

Ils doivent signer et faire signer leurs procès-verbaux, à chaque feuillet, par les personnes qui ont assisté aux opérations; en cas de refus ou d'impossibilité de la part de ces personnes, il en est fait mention. (Voir également l'article 171 du même décret, au chapitre Ier, p. 22, n° 18.)

4° Les vérificateurs des poids et mesures (art. 39 et 40 de l'ordonn. du 17 avril 1839, relative à la vérification des poids et mesures) :

Art. 39. Dans le cas de refus d'exercice, et toutes les fois que les vérificateurs procèdent, chez les habitants, avant le lever et le coucher du soleil, aux visites autorisées par l'article 26, ils ne peuvent s'introduire dans les maisons, bâtiments ou magasins qu'en présence, *soit du juge de paix, soit de son suppléant, soit du maire, de l'adjoint ou du commissaire de police.*

Art. 40. Les fonctionnaires dénommés en l'article précédent ne peuvent se refuser à accompagner sur-le-champ les vérificateurs, lorsqu'ils en sont requis par eux, et les procès-verbaux qui sont dressés, s'il y a lieu, sont signés par l'officier en présence duquel ils ont été faits, sauf aux vérificateurs, en cas de refus, à en faire mention auxdits procès-verbaux.

5° Les inspecteurs de pharmacie (art. 4 du décret du 5 août 1908 portant règlement d'administration publique pour l'exécution de la loi du 21 germinal an XI modifiée par la loi du 25 juin 1908, et désignant les autorités qualifiées pour assurer l'application des lois et règlements sur l'exercice de la pharmacie et sur la répression des fraudes en matière médicamenteuse) :

Art. 4. Les inspecteurs peuvent se faire assister dans leurs visites, *par les commissaires de police ou, à leur défaut, par les maires et adjoints.*

Ils peuvent, en outre, requérir ces mêmes officiers de police judiciaire d'effectuer certains prélèvements dans les officines de pharmaciens et dans les dépôts de médicaments tenus par les médecins et les vétérinaires.

6° Les commissaires de police sont encore tenus d'assister les ingénieurs, conducteurs, agents voyers des ponts et chaussées et architectes, dans les visites domiciliaires que ces fonctionnaires et experts peuvent faire dans le domicile privé d'un particulier, en vue de s'assurer que les travaux que ce dernier a fait exécuter sont conformes ou contraires à l'alignement qui lui a été donné. (Nombreuses dispositions légales sur les plans généraux d'alignements ; — Cass., 17 décembre 1847.)

ANNEXES AUX PRÉCÉDENTS CHAPITRES

1. Dans les opérations que nous venons de mentionner, il peut arriver que, malgré les injonctions de l'officier de police judiciaire présent, le ou les citoyens refusent l'ouverture des portes de leurs demeures ; dans ce cas, comme force doit rester à la loi, quels que soient les moyens employés, l'ouverture des portes doit avoir lieu quand même, soit par un serrurier, de préférence, requis à cet effet, soit par tout autre citoyen requis aux mêmes fins qui, soit avec des clefs, pince, pioche ou tout autre outil, les ouvrira.

Généralement, les ouvriers auxquels on fait appel pour ces sortes d'opérations obtempèrent de suite à l'invitation qui leur est adressée, sans qu'il soit nécessaire de leur remettre préalablement une réquisition régulière.

Cependant, le contraire peut se produire. Dans ce cas, l'officier de police judiciaire requerra l'ouvrier récalcitrant dans la forme suivante :

2. Nous.........., commissaire de police, juge de paix, etc., officier de police judiciaire, auxiliaire de Monsieur le Procureur de la République,

Vu les articles 43 et 44 du Code d'instruction criminelle;

Vu le décret du 18 juin 1811;

Vu l'article 475, n° 12, du Code pénal,

Requérons le sieur.............. (*serrurier, ou tout autre citoyen*), demeurant à................, de nous accompagner (*ou de se rendre*) à..........., avec ses outils, etc., pour procéder à l'ouverture des portes, meubles, etc. (*ou exécuter les travaux qui lui seront indiqués*).

Et, s'il le requiert, il sera taxé conformément à la loi.

A.............., le.............. 19...

Le Commissaire de police,

3. Les frais occasionnés par suite de réquisition à un ouvrier incombent à la partie qui a réclamé l'assistance de l'officier de police judiciaire : administration des contributions directes, indirectes, etc., et, selon d'autres cas, au Trésor.

4. Ceux incombant au Trésor sont taxés comme frais urgents par le magistrat requérant, au pied de la réquisition, et acquittés à l'ayant droit par le receveur de l'enregistrement, conformément à l'usage de la commune.

5. Dans le cas où l'ouvrier requis dans la forme susdite refuserait d'obtempérer, il serait traduit devant le tribunal de simple police et puni des peines portées à l'article 475, n° 12, du Code pénal.

Les visites domiciliaires nécessitées pour l'exécution d'un jugement, ou pour la recherche de la fraude, etc., sont assimilées au cas de flagrant délit ; et le juge de simple police est souverain pour apprécier le refus de l'ouvrier requis. (Cass., 1er février 1867 ; 10 février 1882, etc. ; — G. Le Poittevin, *Dictionnaire de la simple police*, t. II, p. 900 et suiv.)

6. En outre, la réquisition doit être formulée et signée par l'officier de police judiciaire assistant les huissiers, les porteurs de contraintes, etc. ; la réquisition que ces derniers fonctionnaires adresseraient aux ouvriers serait nulle et inopérante. (Cass., 20 février 1830.)

TABLEAU SYNOPTIQUE DES RÉQUISITIONS.

1° Réquisitions faites par les officiers de police judiciaire (commissaires de police, juges de paix, maires et adjoints).

INDICATION DES AUTORITÉS OU PERSONNES REQUISES.	ARTICLES DES CODES OU LOIS EN VERTU DESQUELS LA RÉQUISITION EST FAITE.
Armée....................	Art. 22 de la loi des 26 juillet - 3 août 1791 ; 69 du décret du 7 octobre 1909.
Gendarmerie.............	Art. 67, 74 et 95 du décret du 20 mai 1903.
Médecins................	Art. 23 de la loi du 30 novembre 1892 ; 43 et 44 du Code d'instr. crim.
Sages-femmes...........	Art. 43 et 44 du Code d'inst. crim. ; 18 du tarif criminel du 18 juin 1811.
Serruriers ou autres citoyens................	Art. 475, n° 12, du Code pénal.
Vétérinaires ou autres experts, interprètes.....	Art. 43 et 44 du Code d'instr. crim. ; 22 du tarif criminel du 18 juin 1811.

2° Réquisitions adressées aux officiers de police judiciaire.

FONCTIONNAIRES AYANT DROIT DE RÉQUISITION.	ARTICLES DES CODES OU LOIS EN VERTU DESQUELS LA RÉQUISITION EST FAITE.
Employés des contributions indirectes..............	Art. 237 de la loi du 28 avril 1816 modifié par la loi du 6 août 1905, art. 14, 15 et 16.
Préposés des octrois.......	*Idem.*
Préposés des douanes.....	Art. 8, 36 et 39 de la loi des 6 - 22 août 1791, titre XIII ; 60 de la loi du 28 avril 1816 sur les douanes.
Gardes champêtres.......	Art. 16 du Code d'instr. crim.
Gardes forestiers..........	Art. 16 du Code d'instr. crim. ; 161 du Code forestier.
Officiers et sous-officiers de gendarmerie.........	Art. 138 du décret du 20 mai 1903.
Huissiers et porteurs de contraintes............	Art. 587 du Code de proc. civ.
Inspecteurs de pharmacie..	Art. 4 du décret du 5 août 1908, portant règlement pour l'exécution de la loi du 21 germinal an XI. modifiée par la loi du 25 juin 1908 (prélèvements de substances médicamenteuses). Les juges de paix ne peuvent être requis.
Vérificateurs des poids et mesures...............	Art. 39 et 40 de l'ordonn. du 17 avril 1839.

TABLE DES MATIÈRES

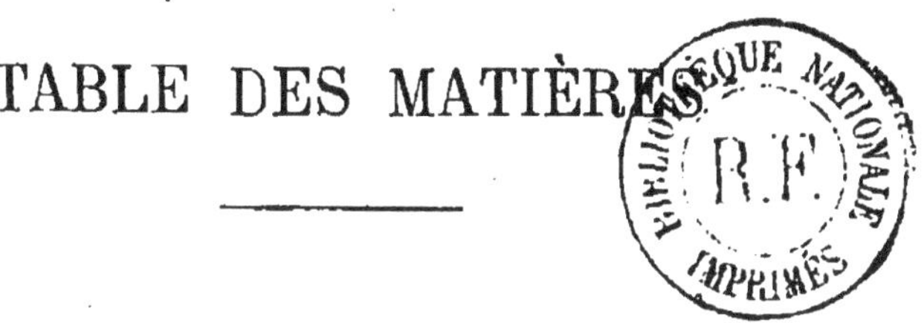

PREMIÈRE PARTIE

CHAPITRE Ier.

Visites domiciliaires.

CHAPITRE II.

Médecins.

CHAPITRE III.

CHAPITRE IV.

Réquisitions à l'armée.

ANNEXES.

DEUXIÈME PARTIE

CHAPITRE V.

Huissiers.

CHAPITRE VI.

Porteurs de contraintes.

ANNEXES.

CHAPITRE VII.

Contributions indirectes.

ANNEXES.

Paris et Limoges. — Imp. milit. Henri Charles-Lavauzelle.

www.ingramcontent.com/pod-product-compliance
Ingram Content Group UK Ltd.
Pitfield, Milton Keynes, MK11 3LW, UK
UKHW020148220726
13923UKWH00001B/429